电商圆梦未来

——辽宁省电商产业校企联盟学生竞赛作品选

李全顺　高小珺　米娟　编

北　京
冶金工业出版社
2019

内 容 提 要

辽宁省电商产业校企联盟由辽宁省教育厅于2017年批准设立，是辽宁省50多个校企联盟之一。该联盟聚集了45所高校、155家企业及行业协会。在辽宁省教育厅的领导下，联盟组织大学生围绕电商产业开展创新创业设计大赛，产生了一批优秀成果，本书从本次大赛中选出部分优秀成果予以介绍。

本书可作为高等院校大学生开展创新创业活动的辅导书，也可以供相关赛事主办单位参考，还可供广大大学生创业者阅读使用。

图书在版编目(CIP)数据

电商圆梦未来：辽宁省电商产业校企联盟学生竞赛作品选/李全顺，高小珺，米娟编.—北京：冶金工业出版社，2019.12

ISBN 978-7-5024-8331-9

Ⅰ.①电… Ⅱ.①李… ②高… ③米… Ⅲ.①电子商务—创业—案例—中国 Ⅳ.①F724.6

中国版本图书馆CIP数据核字(2019)第293030号

出 版 人 陈玉千
地　　址 北京市东城区嵩祝院北巷39号 邮编 100009 电话 (010)64027926
网　　址 www.cnmip.com.cn 电子信箱 yjcbs@cnmip.com.cn
策划编辑 张耀辉 责任编辑 王梦梦 美术编辑 吕欣童
版式设计 禹 蕊 责任校对 卿文春 责任印制 李玉山
ISBN 978-7-5024-8331-9
冶金工业出版社出版发行；各地新华书店经销；三河市双峰印刷装订有限公司印刷
2019年12月第1版，2019年12月第1次印刷
169mm×239mm；12.25印张；237千字；189页
72.00元

冶金工业出版社 投稿电话 (010)64027932 投稿信箱 tougao@cnmip.com.cn
冶金工业出版社营销中心 电话 (010)64044283 传真 (010)64027893
冶金工业出版社天猫旗舰店 yjgycbs.tmall.com
（本书如有印装质量问题，本社营销中心负责退换）

前　言

2015年国务院发布《关于大力发展电子商务加快培育经济新动力的意见》。辽宁省结合自身实际，贯彻落实国家关于电子商务发展的规划，积极推进电子商务与其他产业深度融合，促进全省工业化、信息化、城镇化和农业现代化同步发展。电子商务对稳增长、调结构、促转型和扩消费、增就业、惠民生起到了重要作用，推动了经济提质增效。

辽宁省电商产业校企联盟，立足辽宁省经济发展和社会需要，本着“开放、合作、创新、共享”的原则，深入开展高校与电商企业、高校与相关产业集群、高校与地方政府的全面合作，把行业资源、社会资源、学校资源进行有效整合，充分发挥桥梁纽带作用推进资源共享和优势互补。联盟在创新创业新常态下，以推进创新创业教育为主题，以提高人才培养质量为核心，以服务地方经济为目标，全面构建政、产、学、研、用合作平台，为辽宁省全面振兴发挥积极作用。

本书以辽宁省大学生电商企业融资路演大赛为载体，以学生市场调研、团队策划为基础，通过行业分析、数据分析、财务分析、风险分析等为电商企业创新创业打开新的思路。

编　者

2019年9月

目　录

第1篇　市场调查与分析

第2篇　商业融资路演计划书

第 1 篇

SHICHANG DIAOCHA YU FENXI

市场调查与分析

地铁自动售票机电子支付的市场调查及分析研究

王　珊　陆丹丹　王　莲　高　宇

摘要：本篇调查报告主要围绕地铁票务系统从初期至今的发展状况，通过对国内外地铁优劣进行对比展开研究。信息技术的快速发展、网络技术的日益普及使传统行业发生了翻天覆地的变化，地铁票务系统也是如此。通过对如今的地铁票务市场进行调查，发现电子支付技术不仅可以方便用户的出行与消费，而且也能极大地提高交易的安全性。电子支付技术在地铁票务系统中的应用不断成熟，日益被人们所接受。在这种情况下,通过对电子支付在地铁票务系统中的应用进行分析，能够更加明确地认识到电子支付对地铁票务系统产生的影响以及主要的作用，并为其后续的发展提供一定的支持。

关键词：新时代；电子支付；地铁票务；应用分析

1　引言

1.1　城市轨道交通车站票务管理系统的主要内容

我国大多数城市都在引进轨道交通系统以遏制城市交通状况的恶化。采取人工方式进行票务管理工作还存在售（检）票效率不高、人力资源浪费、运营信息采集（处理）效率低等问题，在面对国内运营点分散、客流量大、高峰期客流量高度集中时完全不能应对。票务系统的计算机化很大程度改善了人工售（检）票的问题，使得人力资源的利用率、交通系统的运营效率及公司的经营管理能力得到了大大地提升。

1.2　地铁票务系统电子支付的背景

从目前来看，城市轨道交通能够方便人们的出行，解决城市“最后一公里”的现实问题，并且也能够为社会的经济发展做出重要的贡献。尤其是在现在节能减排的大背景下，人们开始选择公共交通工具出行。这对公共交通来说既是机遇也是挑战，为了能够更加有效地提高人们的购票效率，帮助更多的人实现快捷购票，促进互联网产业化程度不断推进，通过互联网非接触支付作为代表的电子支付逐渐成为人们日常支付的重要手段。

2　票务系统国内外现状分析

在我国，前期的城市公共交通一卡通系统已逐步演变成为智能电子卡的应用系统，非接触智能卡技术的成熟刺激了其在我国城市公共交通系统的发展。同时非接触智能卡的技术标准及产品产业也在不断完善。

1998年，上海地铁1号线、2号线就在自动售（检）票系统中成功实施应用了非接触智能卡。在同一年深圳公交系统中也成功实施应用了非接触智能卡。这为AFC系统在国内的蓬勃发展打下了殷实的基础。

在发达国家的经济发达城市，应用AFC票务管理系统相对较早，并且随着时代的进步，他们的技术水平已经非常先进。我国是人口大国，经济发展较慢，但是科技水平在飞速提升。最初是引进国外产品，随着国家对科技的重视程度提高，我国进行了大量的研发工作，现在能自己做产品且技术水平稳步提升。在这一时期我国城市轨道交通AFC系统得到了迅猛发展，城市轨道交通AFC技术已和城市一卡通接轨，实现城市及城市区间的一卡通。

计算机（包含底层及应用）、工业控制、工业设计、电子及微电子、光电学、钣金加工及材料工程、力学、芯片学、人体工程、人机交换等行业（学科）一起构成了AFC系统，成为这一领域的一大变革。

电子收费系统在美国有着非常广泛的应用，利用智能电子卡进行票务管理可以使管理人员对一定时间内的运输系统的乘客数及设备的利用率有更好的了解，并作出相应地调整。

2.1 国内票务系统现状

我国的城市轨道交通系统起步较晚，覆盖面也较小。但是绝大部分城市，如香港、上海、广州、深圳、南京已经采用AFC系统进行地铁交通运营的票务管理。地面轨道交通方面，大连、重庆、武汉等城市的轻轨交通已经投入运营并且也采用AFC系统对其进行票务管理，青岛等城市也在积极准备。AFC技术及设备对轨道交通的发展有着非常重大的意义，在国内有着巨大的潜在市场。

1997年9月香港引进日本SONY公司的FELICA卡及澳大利亚ERG公司的系统集成技术应用于香港八达通系统中。在运营初期该系统主要在运输行业（如公共汽车、轮渡、轻轨等）得以应用，目前已经向便利店、连锁餐厅、停车场等低消费场所发展。20世纪末至21世纪初香港八达通会员达到720万人，日均交易高达五百多万笔，日均交易额高达四千多万港币，为其在国内的蓬勃发展埋下了伏笔，也为国内AFC系统的应用奠定了基础。

2.2 国外票务系统现状

早在20世纪70年代国外就出现了AFC系统，当时采用的是磁读写的车票。其中磁读写的检验设备是包含自动验票设备的机器，但是设备的日常维护需要大量的人力资源且维护费用高；还有一种自动读票系统，这种设备维护费用低，但乘客使用不方便，同时也造成了人力资源的浪费。

AFC 系统在发展初期主要通过在磁卡上录入密码、编号、余额、进站地点、时间等信息来进行票务管理，以实现其自动化和电子化。但是磁卡保密性不强，易造假并且内存小，从而导致资金流失及资源浪费，因此在 21 世纪初，随着非接触 IC 卡技术的成熟，磁卡在 AFC 系统中的应用逐渐被取缔。

目前，IC 卡在 AFC 系统中的应用得到普及。世界著名的几个 AFC 系统制造商已经有了 AFC 系统的 IC 卡成品，并且在美国成功应用。然而国内仍然需要引进国外产品，并且其价格极其昂贵。

在 20 世纪 90 年代韩国首尔、法国巴黎、日本东京等地应用了非接触式 IC 卡，其在验票速度、安全性和准确性上比磁卡更具优势。在这些经济发达的城市 AFC 系统得到了普通应用，并且随着时代及科技的进步，AFC 的技术开发水平及硬件设施得到了稳步发展。日本、韩国、美国及澳大利亚等经济和科技大国几乎垄断了 AFC 系统的生产及研发。国内只能引进国外的天价设备。

3　票务系统性能分析

3.1　优点分析

从社会效益来看，杭州作为国内热门的旅游城市，不仅游客接待量不断攀升，而且越来越多的外地人成为杭州地铁的主力军，尤其是每逢节假日，杭州的重要站点和景区购票人员数量非常庞大，传统的购票系统无法适应新时代的发展需求。为此必须要增加自动售票机等新的购票方式。但是自动购票机由于操作比较复杂，在推行的过程中不仅成本较高，而且故障损坏概率比较大，对于现金的收集与保管也会造成额外的工作负担。为了能够更加有效地缓解旅客购票压力，提升旅客的购票体验，降低地铁票务系统的运营成本，在地铁票务系统中应用了电子支付，并且以 G20 峰会为契机，结合时代的发展趋势，联合银联以及支付宝等平台打造地铁电子票务系统。

地铁票务管理工作中主要涉及的有 AFC 系统的操作、售票、找零、统计车票、统计票款及硬件设施的维护等；并且要处理乘客在票务方面遇到的问题。这些工作一般由管理人员、工程部及服务部的工作人员多方协同完成。

在计算机网络技术及城市一卡通技术发展普及的热潮中，自动售（检）票系统（Automatic Fare Collection，AFC）在全球多个城市的公共交通系统中投入运营。AFC 系统投入运营可以实现购票、检票、计费、统计过程自动化，使得人力资源的利用、交通系统的运营效率及公司的经营管理能力得到了大大的提升。

本课题主要研究成果为完成了 AFC 系统票务管理系统中的功能模板的需求分析、设计以及实现。票务管理系统主要面向运营公司的管理人员，主要是协助管理人员对票务方面的工作进行处理和分析管理。采用人工的方式进行票务管理工作还存在例如售（检）票效率不高、人力资源的浪费，运营信息采集（处理）效率低等问题。票务管理的计算机化减少了对人力的依赖，也大大减少了人工带来的问题和隐患，使得企业的服务水平及运营效率得到了强有力地提升。同时票务管理系统也是 AFC 系统中最重要的子系统之一。

地铁的优点主要有：

（1）节省土地：由于一般大都市的市区地皮价值高昂，将铁路建于地底，可以节省地面空间，令地面地皮作其他用途。

（2）减少噪声：铁路建于地底，可以减少地面的噪声。

（3）减少干扰：由于地铁的行驶路线不与其他运输系统（如地面道路）重叠、交叉，因此行车受到的交通干扰较少，可节省大量通勤时间。

（4）节约能源：在全球变暖问题下，地铁是最佳大众交通运输工具。由于地铁行车速度稳定，可大量节省通勤时间，使民众乐于搭乘，也节省了许多开车所消耗的能源。

（5）减少污染：一般的汽车使用汽油或石油作为能源，而地铁使用电能，没有尾气的排放，不会污染环境。

地铁与城市中其他交通工具相比，除了能避免城市地面拥挤和能充分利用空间外，还有很多优点。

（1）运量大。地铁的运输能力要比地面公共汽车大 7～10 倍，是其他任何城市交通工具所不能比拟的。

（2）准时，其正点率一般比公交高。

（3）速度快，地铁列车在地下隧道内风驰电掣地行进，行驶的最高时速普遍为 80km/h，可超过 100km/h 甚至有的达到了 120km/h。

3.2　缺点分析

地铁的优点很多，但也存在一些缺点：

（1）建造成本高：地铁工程路线长，影响范围广，通常需要对路线沿线的建筑物、管线、道路进行拆迁、改造、保护等，工程以外的费用比较大。地铁工程多为地底，由于要钻挖地底，地底建造成本比地面建造成本高。

（2）前期时间长：兴建地铁的前期时间较长，由于需要规划和政府审批，甚至还需要试验。从开始酝酿到付诸行动破土动工需要非常长的时间，短则几年，长则十几年也是有可能的。

（3）部分灾害抵御能力弱：虽然地铁对于雪灾和冰雹的抵御能力较强。但是对地震、水灾、火灾和恐怖主义等抵御能力很弱。由于地铁的构造，极易因为这些因素发生悲剧。为此自地铁出现以来，工程师们就不断持续研究如何提高地铁的安全性。

在面对地震、水灾、火灾等灾害时，地铁的具体缺点如下：

(1) 地震：可以导致行进中的车辆脱轨，因此地铁都设计有遇到地震立即停驶的功能。为防止地铁地道坍塌，处于地震地带的地铁结构必须特别坚固。

(2) 水灾：由于地铁内的系统低于地平线，地上的雨水容易灌入地铁内的设施。因此地铁在设计时不得不规划充分的防水排水设施，即使如此也可能发生地铁站淹水事件。为此，在发生暴雨之时，地铁车站入口的防潮板和路线上的防水闸门都要关闭。一个知名的例子是台北捷运在纳莉台风侵袭时曾经发生淹水事件，还有北京地铁 1 号线因暴雨积水关闭了数小时。

(3) 火灾：在以前，人们不太重视地铁站内的防火设施，车站内一旦发生火灾，瞬间就会充满烟雾，而引发严重的灾祸。1987 年 11 月 18 日，英国伦敦地铁 King's Cross 站发生火灾，导致 31 人死亡。火灾产生的原因之一是伦敦地铁内采用了大量木质建筑。因此，日本地铁部门规定在地铁站内禁烟来避免火灾。2003 年 2 月 28 日，韩国大邱广域市的地铁车站因为人为纵火而产生火灾，13 辆车被烧毁，192 人死亡，148 人受伤。这次火灾造成如此严重死伤的原因除了车辆为部装潢采用可燃材料之外，车站区域内排烟设施不完善也是重要因素，加上车辆材质燃烧时产生了大量的一氧化碳等有害物质，导致不少人中毒死亡。

4　地铁票务系统设计要点

4.1　城市地铁系统概念

城市地铁是指在城市地面以下建造并自成路网的铁路运输系统。城市地铁多建于大中城市，用于输送客流。根据系统设计理论可将地铁视为一个大系统，再着手子系统对比分析，进而提出改良的解决方案。按功能可将地铁系统划分为运行系统与配套设施系统两大子系统，以下就深圳中捷智安介绍地铁票务系统的设计要点。

城市地铁一般采用在地铁线路上走行的列车运送乘客，地铁行车调度由中央控制中心进行。在建设前会首先作出客流量预测，从而制定地铁规划。车站一般会建设在客流集散的地点，例如火车站广场、商业中心区、公园、体育场及交通干线交叉点附近。多数城市地铁早期建设多为浅埋线路，后期向深层发展，并结合城市地下空间开发。城市地铁与其他城市交通相比具有运行安全，准时，运送能力大，速度快，运输成本低，同时可节省城市用地，减少城市污染等优点，因而城市地铁已然成为城市交通的发展方向。

4.2　地铁系统分类

地铁系统主要分为两个子系统，分别是运行系统和配套设施系统。其中运行系统是城市地下轨道交通的主要功能系统，具体表现在地铁车辆承载乘客在各个区间隧道中运行，将乘客运送至不同的地铁车站，其又分为车辆系统和地铁线路系统。其中配套设施系统是乘客乘车行为的辅助系统，具体表现为将乘客引导至地铁站，实现进站、购票、检票、等候、投票、出站、换乘等一系列行为。

目前在城市地铁系统中，自动售票设备都可以达成使用现金来购买单程车票的性能，还能应用储值卡购买车票和储值卡充值。有些目前仅仅可以实现现金购买车票如深圳 1 号线和 2 号线，而有些不只可售卖单程车票还可以为储值卡储值例如北京地铁。与此同时，随着乘车人需求的不断提升，对于自动售票设备的性能需求也不断提升，例如北京地铁的 6 号线和 14 号线已经可以进行储值卡购买车票的操作，增加了乘客的购票方式，同时提高了乘客的购票速度，提升了整个售（检）票系统的效率。

5　票务系统的优化和调试

5.1　地铁票务电子支付系统的设计方案

为了能够更好地提高电子票务系统的运行逻辑，在项目设计的过程中，通过采用软硬件统一的方式部署电子支付平台，结合银联云闪付和手机购票两个方式，统一采用同一套后台软件。在车站中转系统，通过云闪付和手机购票两个项目分开处理，能够实现用户的个性化操作，并且还能够对两个项目进行单独的控制和升级。另外，通过单独的设计，保证了软件后台能够实现数据的统一。并且整合各类数据报表，增强了整个服务器系统的数据链完善功能。通过在车站终端安装设备，对原有的自动售票机进行改造，加装了银行卡非接触受理模块，并且实现了通信功能。改造之后，原有的自动售票机功能不会受到影响，同时也能够实现支付宝进行购票的操作，只需要在自动售票机上选择自己所需要的支付方式，并且将对应的银行卡或者设备进行读取，即能够完成购票。

从电子支付项目业务逻辑的处理过程来看，首先在银行卡读取的过程中，或者在二维码扫描的过程中，终端设备以报文的方式向电子支付平台发送数据，然后电子支付平台能够转向专网，将信息传送到银联或者支付宝，在完成数据接收之后，银联或者支付宝的后台进行合法性验证，并且进行实时扣款。通过将扩展信息回传电子支付平台，然后电子支付平台将信息进行整合与处理，最终在终端设备上完成出票，将出票信息以报文的方式传送到电子支付平台中，并且在本地设备生成交易记录。

5.2　设备数据异常处理情况

由于电子支付产生的数据与传统的数据在存储和传输的过程中会存在比较大的差异，因为传统的数据传输,为了保证数据的完整性在数据进行传输的过程中，将设备与车站到线路和网络等环节进行连接。这尽管能够保证数据的完整，但是却存在数据信息不能够实时同步的缺陷，而电子支付只需要将资金与车票信息进行实时连接就能够完成操作，并且保证数据的准确性和即时性。所以电子支付能够对交易数据进行处理，一部分能够与资金方进行沟通与连接，但数据不存在其他环节中，降低了传输的成本；另外，数据按照日常清分、结算的方式产生。如果在设备产生异常的情况下，造成时间不准确，则可以通过电子支付项目，对异常数据进行记录的方式来核对信息，这样也可以实现数据的追溯性。

5.3　项目运行情况

由于互联网具有开阔性与包容性，能够极大地提升游客地位。在这样的情况下，为了能够更好地提高市场竞争力，增强企业发展活力，在广大游客心中树立良好的企业形象，必须加强产品质量、服务质量的有效提高。电子支付的重点就是在产品功能、产品体验以及产品细节方面做到“极致”，所以地铁票务系统为了能够加快建设基于电子支付地铁票务系统电子支付体系，必须加强对自身服务质量的重视，在市场中赢得广大游客的青睐。电子支付的出现对人们的生活方式和社会经济的发展产生了翻天覆地的影响，尤其是物联网技术的出现，给传统产业带来了更加广阔的发展前景，电子支付能够通过智能手机终端、掌上电脑、笔记本电脑等通信设备，利用无线上网技术，形成一个完整的电子支付整体，通过电子支付人们可以不受时间和空间的限制，随时随地地享受网络购票所带来的全新体验。在完成项目设计之后具体的实验和正式运行的过程中，电子支付系统在地铁票务系统中的功能得到了充分的发挥。在不断检验的过程中通过优化与完整，增加了非现金售票机以及取票机的方式。电子支付在全网热度以及人们的关注度呈直线提升的变化趋势。随着智能手机的快速普及，4G 信号和无线网络的覆盖面积不断增大。电子支付所能够给人们带来的良好的购票体验，更是为电子支付在地铁票务系统中的发展起到了助推作用。利用电子支付技术，能够通过终端设备，选择自己需要的地铁票并且进行网络交易。对于地铁企业来说，通过在线销售的模式，既能够有效地提高市场，同时还可以利用大数据、云计算等方式推出符合游客个性化需求的产品。在过去，企业往往将互联网作为一个连接游客与企业沟通交流的平台，所以对于互联网平台的建设缺少管理。所以必须将传统的平台型运营模式提升为生态型电子支付模式，地铁企业电子支付作为一种新兴的电子支付手段，在互联网平台下能够发挥出关键性作用。生态型运营模式能够将互联网思维贯穿整个产业链，并且为游客提供完善的解决方案，并且借助于电子商务的大数据、云平台建设，能够获得更多的游客信息，从而帮助地铁票务系统电子支付模式设计更多的支付方案，针对不同的游客需求提供全面的购票方案。

6 调查问卷分析

为了使此次调查的结果更准确、更严谨，我们将实践和理论结合起来，利用微信形式的调查问卷，分别在地铁站、公交站、学校等处收集了部分人民群众对地铁票务系统的一些相关意见。我们团队将这些意见数据作了统一收集处理，将它们分门别类。为了更直观，我们将这些数据进行了图像型的转换，以下数据的收集日期为 2019 年 3 月 14 日至 2019 年 3 月 15 日，均真实有效。微信参与调查人群的年龄分层见表 1。

表 1 微信参与调查人群年龄分层

年龄范围/岁	有效人数	比例/%
15 以下	19	6. 05
15～30	212	67. 52
30～45	49	15. 61
45～55	20	6. 37
55 以上	14	4. 46
合　计	314	100

根据图 1 数据统计，选择地铁出行的人大部分为 15～30 岁（占 67. 52%），仅有 4. 46%的乘客为老年人，此数据说明青壮年人对地铁的需求较大。

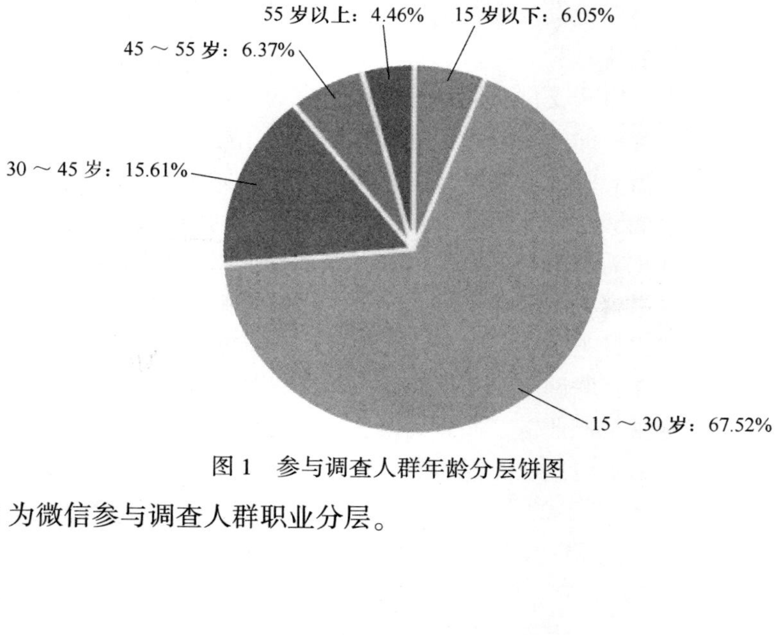

图 1 参与调查人群年龄分层饼图

表 2 为微信参与调查人群职业分层。

表 2　微信参与调查人群职业分层

调查人群职业	有效人数	比例/%
学生	145	46. 18
上班族	105	33. 44
自由职业	41	13. 06
退休	17	5. 41
其他	6	1. 91
合　计	314	100

根据图 2 数据，各阶层人群相比之下学生及上班族等青壮年出行时会选择地铁，地铁已成中层劳动力工作出行不可或缺的工具。

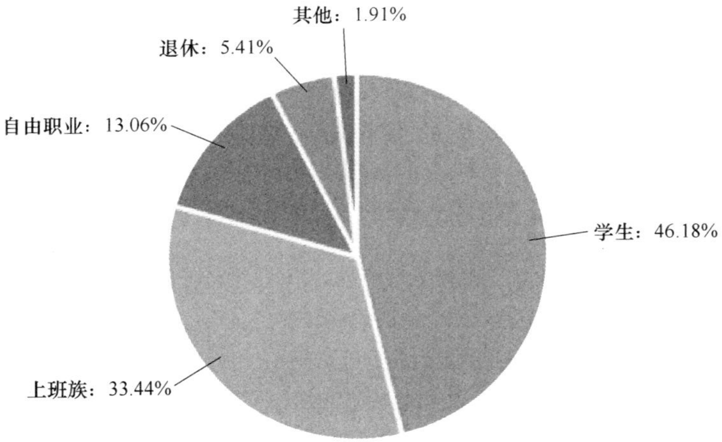

图 2　参与调查人群职业分层饼图

微信参与调查人群乘坐地铁频率比例见表 3。

表 3　微信参与调查人群乘坐地铁频率比例

乘坐地铁频率	有效人数	比例/%
每日必坐	52	16. 56
经常乘坐	127	40. 45
偶尔乘坐	135	42. 99
合　计	314	100

城市地铁四通八达，覆盖了很多地区，方便了市民的出行。从调查数据可知，57. 01%人群出行选择地铁，说明大部分乘客的出行离不开地铁，地铁成为市民出行的主要交通工具之一（见表 3）。

由表4可知，大多数人（48.41%）购票时选择自动售票系统，故地铁票务系统走向智能化是大势所趋，未来地铁票务系统与智能电子结合是必然。由表5和图3可知，选择自动售票系统中的57.96%的人是因为觉得自动售票处方便，所以简易化是对地铁票务系统未来发展方向的必然要求。

表4　微信参与调查人群购票方式比例

购票方式	有效人数	比例/%
自动售票系统	152	48.41
公交卡	96	30.57
人工售票	44	14.01
其他	22	7.01
合计	314	100

表5　微信参与调查人群选择自动售票系统的原因

调查人群选择自动售票系统的原因	有效人数	比例/%
人工售票处排队的人数较多	95	30.25
觉得自动售票处方便	182	57.96
自动售票选择性较多	105	33.44
带着儿童怕丢失	26	8.28
可以看到路线更加直观	88	28.03
其他	14	4.46
合计	314	100

根据表6和图4中数据可知，49.36%的人在使用自动售票机时会出现纸币无法识别的情况；其次，31.85%的人难以快速找到要到达的终点站，另外，也有少部分人认为自动售票机有大面额找零硬币太多（26.43%）、操作步骤麻烦（19.43%）、没有语音提示（18.79%）、操作界面混乱（11.78%）等问题。为更好地使用此交通工具，应针对这些问题做相应改善。

表6　微信参与调查人群选择自动售票系统时遇到的问题

调查人群选择自动售票系统时遇到的问题	有效人数	比例/%
操作步骤麻烦	61	19.43
难以快速找到要到达的终点站	100	31.85
会出现纸币无法识别的情况	155	49.36
没有语音提示	59	18.79
操作界面混乱	37	11.78

续表 6

调查人群选择自动售票系统时遇到的问题	有效人数	比例/%
大面额找零硬币太多	83	26.43
其他	22	7.01
合计	314	100

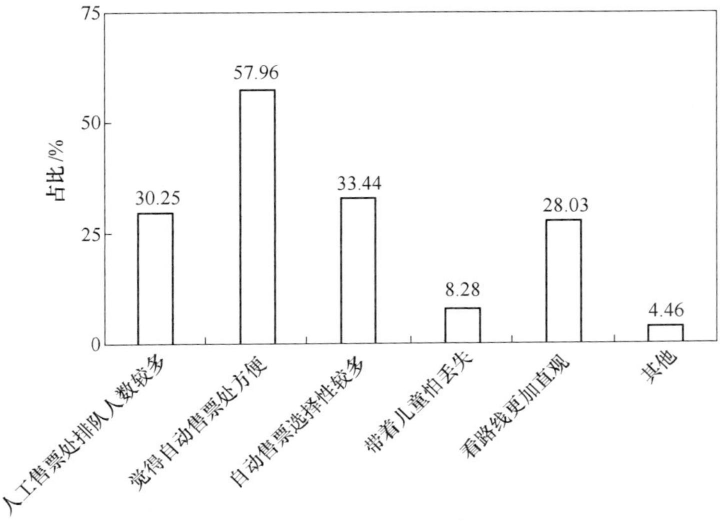

图 3　参与调查人群选择自动售票系统的原因条形图

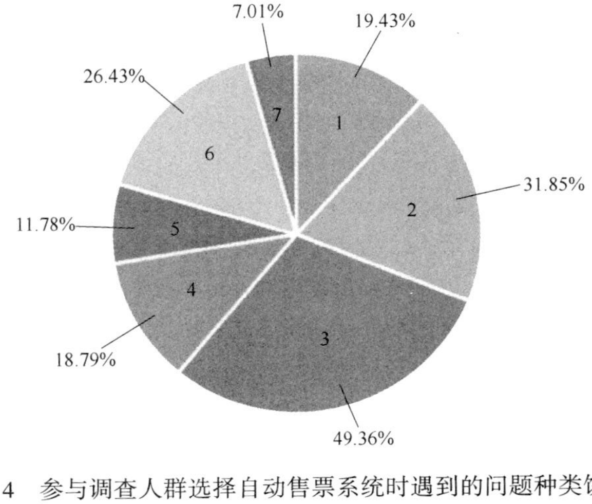

图 4　参与调查人群选择自动售票系统时遇到的问题种类饼图

1—操作步骤麻烦；2—难以快速找到要到达的终点站；3—会出现纸币无法识别的情况；

4—没有语言提示；5—操作界面混乱；6—大面额找零硬币太多；7—其他

7 调查结果分析及建议

7.1 问题反馈总结

我们团队在进行了各项调查后，收集了关于部分群众针对地铁票务系统希望改良的意见。

根据图 5 调查数据显示，49.68%的人认为需要提高纸币识别度，40.13%的网民们认为需要增加站点检索功能，也有网民觉得应当简化操作步骤（37.9%），增加语音功能（28.03%），增加银行卡支付（21.97%），简化地图（21.34%）。根据部分乘客提出的意见，总体来看，大家非常愿意使用地铁自动售票系统进行买票，但是会常常遇到看不懂售票显示屏路线，无法识别纸币或忘记提前准备零钱，以及大面额找零太多的情况，影响出行体验或者浪费出行时间。

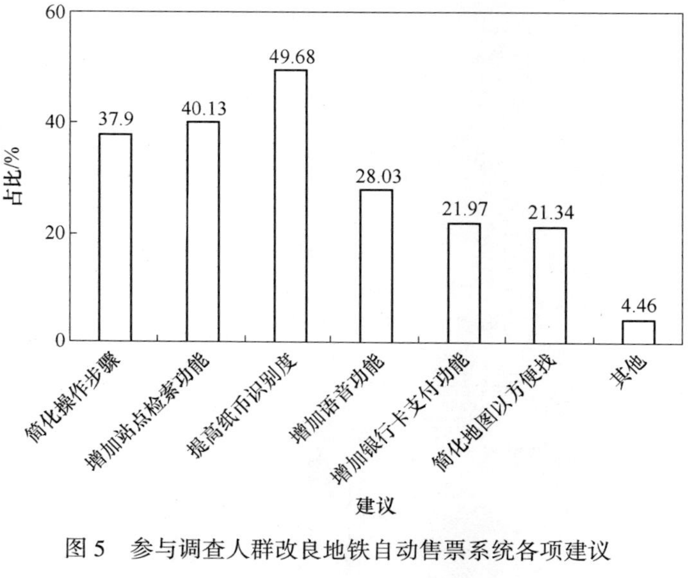

图 5　参与调查人群改良地铁自动售票系统各项建议

7.2 优化建议

就城市地铁票务系统存在的不足，我们团队提出了以下优化建议。

（1）网上一机化：可以效仿高铁提前购票，设置限制时间，直接网上付款；或者付款后形成二维码，进出站可以直接使用二维码扫描方式，省去了票卡若乘坐时丢失还需补办的情况；若超出乘车时间，二维码自动失效，还可以直接在手机上付款补交超时费用，节省地铁工作人员的时间，也提高了个人出行效率。

（2）方法一的网上购票一机化是非常理想的状态，短时间内还无法实现。故我们团队提出方法二。如何解决纸币无法识别以及找零过多现象，虽然现在部分自动售票机卡可以网上付款，但是如果手机自动关机，付款又会成为问题。所以我们提出可以将自定售票机联网，设置登录账号页面，在自动售票机上登录自己的账户，输入密码付款。关于如何确定登录账号为本人的问题，支付宝如今拥有了人脸识别功能，人脸识别功能逐渐出现在考试人员识别、自动贩售机结账识别以及网吧确认持本人身份证上网等功能上面，我们团队认为这项功能，地铁自动售票机也可受益。

8　结论

通过本次对地铁自动售票机应用电子支付的市场调查，我们发现地铁已经成为当代出行最主要的工具之一，成为与公共汽车齐头并进的交通巨头，地铁的出现让我们拥有了更快速、更安全、更舒适的出行方式。而我们团队调查本次项目是希望在如此高效率的出行方式上锦上添花，让地铁出行中最重要的一环——支付更加现代化，更加智能化，推动地铁产业的发展，让科技改变民生，让科技推动民生，让科技融入民生，节省出行时间，减少人力付出，更提高了生活效率。

参考文献

[1] 贲雪松．探析地铁票务系统中二维码和电子支付的运用［J］．通讯世界，2018（2）：324-325.
[2] 同晓燕，王岩，寿璐芸，等．电子支付方式在杭州地铁票务系统中的实现［J］．都市快轨交通，2017，30（3）：115-118.
[3] 吴友宝，徐建闽．二维码和电子支付在地铁票务系统的应用研究［J］．电子世界，2016（4）：157-160.
[4] 孙文娜．基于用户体验的城市地铁票务系统设计研究［D］．北京：北京工业大学，2016.

网购快递包装回收利用问题调查分析

赵佳琦　程 卓　王栌珧　张 娇　石琳伊

1　概述

生活在电子商务快速发展的时代，快递已经成为我们生活中不可缺少的一部分，快递业在我国有了迅猛的发展。同时，大学生是网购的主力军，高校快递数量逐年增多，但是快递包装却没能被有效地回收利用，被当作垃圾丢弃或一般废弃物卖给收废站，造成资源浪费。这种现象引起了我们的注意，经过一番调查，我们发现，事实上，如今不光是在高校，中国现在快递十分发达的地方基本都忽视了对快递包装废弃物的回收，没有意识到其潜在的商业价值和对环境的影响，也没有建立规范的快递包装回收的机构，持续造成环境的污染和资源的浪费。同时，即使包装的纸箱和纸袋可循环利用，但纸箱回收价格低回收人员少，消费者回收意识不强。根据国家邮政局统计分析，2016 年以来我国快递包装量增长非常快，其中快递运单 207 亿单，编织带 31 亿条，塑料袋 82.68 亿个，胶带 169.85 亿米，相对于 2015 年 7 类快递包装中有 6 类同比增长超过 45%。因此，可以说快递的发达也是变相地增加了对地球的伤害。

1.1　目的与任务

面对我国巨大的快递量带来的对快递包装需求的增加，使用过的快递包装废弃物未能有效的二次利用，造成资源浪费、环境污染的现状，为建立环境友好型和资源节约型社会的政策，我们需要对快递包装进行回收利用，快递包装回收是实行回收物流的模式，将废弃物有效的利用和正确的处理，减少人类向生态的排放，达到发展与生态容纳的平衡，循环利用，提高资源利用率。快递包装看似只是小小的塑料、纸箱，但数以万计的快递包装加起来就是可观的数字了。将它们回收再利用，节约的就不只是一点点。我们的任务就是提高快递包装的资源利用率，倡导绿色回收快递方式，提高网购人群绿色环保意识。

1.2　调研方法

通过调查问卷的方式，调查不同年龄段网购人群对快递包装的处理方法，快递包装的环保意识，快递包装现有绿色回收方式的了解程度的调查。基本了解了现有网购人群对待快递包装的基本方式。

1.3　调查群体

调查群体分为以下 4 个年龄段：

（1）0~18 岁：幼年、青少年群体，网购数量少，他们的反馈作为参考。

（2）18~25 岁：大学生、研究生以及刚入社会的群体，网购现象极其普遍，是网购的主力军，是主要调查对象。

（3）25~45 岁：上班族、宝妈族，经济能力稳定，网购能力强，但人群网购次数差别较大，作为次要调查对象。

（4）45 岁以上：退休人员以及老年人，对互联网功能掌握不是特别熟练，网购很少，他们的反馈作为参考。

调查的主要内容包括：人员的基本信息，网购的频率，快递包装的处理方式以及对绿色快递的了解程度。

2　调查背景

2.1　背景

随着互联网时代的到来，互联网技术得到了高速的发展，而人们的生活与互联网也有了越来越深的羁绊，网络购物更是互联网时代最具有代表性的产物。

网购时代的来临，促进了快递业、包装业的急速发展。各式各样的网购商品带来了不容小觑的包装需求量。这些服装、化妆品、食品等各种“宝贝”都将用纸箱纸盒包装好，经快递物流送到买家们手上，这就大大催生了市场对纸箱纸盒、纸袋、塑料包装袋、缓冲包装以及包装辅助材料的巨大需求。淘宝网上一家大型纸箱供应商旗舰店每日纸箱发货量多达 5 万多个。因此网购也被戏称为“新四大发明”之一，其出现后迅速改变了人们的购物方式，并带来了快递行业的高速发展，但同时带来的还有快递包装垃圾污染问题。

网络购物的繁荣直接带动的是快递送货量的大幅增加，据统计，2018 年天猫“双十一”全球狂欢节全天成交额突破 2000 亿大关，达 2135 亿元，再次刷新了纪录。今年是“双十一”的第十年，“双十一”从最初的 5200 万交易额发展到今天的 2135 亿，从 PC 互联网到移动互联网，从线上狂欢到全渠道狂欢，从全民参与到全球共振，“双十一”已经走过十年的辉煌历程。民营快递企业的四通一达（中通、圆通、申通、汇通、韵达）就在这个市场中脱颖而出。

但在快递业迅速发展的同时，巨大的交易量背后，更多的人关注的是快递外包装能否起到保护商品的作用，却忽视了大量包装给生态环境带来的负担。根据我们的日常观察，人们在收到快递后，包装一般是直接扔掉。在学校的快递站，每天中午都会看到热闹的快递取货场景，同学们取货后，有的是把包装丢进了垃圾桶，有的则是随手扔在了路旁，非常的不环保。

这次调研的目的，一方面是要了解大学生日常的网购情况和处理快递包装的方法以及同学们对环保包装的看法，另一方面是根据我们调查得到的资料，提出一些解决当前快递包装的不环保之处的措施。

同时，一些商家为了减少货物的磕损而带来的损失，对货物进行了过度包装，造成了大量的纸箱、胶带、泡沫纸等的消费。有时候很小的一件商品，最终打包之后体积翻了一倍。过度包装已经成为网购和快递业的一个顽疾，每次拆包装时的“费力”感背后，都是一地的包装垃圾，而在这些包装垃圾背后的隐患也是环境的污染与资源的浪费。

2.2 调查的必要性

我国快递业包装总量庞大、种类繁多、增长迅速，包装废弃物对环境造成的影响不容忽视。妥善处理快递包装问题对于节约资源、保护环境和促进快递业健康可持续发展具有重大意义。

快递包装产生的垃圾废弃物，不仅包括大量的快递盒，还包括一些难以环保处理的材料。经初步估算，2018 年全国快递业共消耗快递运单逾 500 亿个、编织袋约 53 亿条、塑料袋约 245 亿个、封套 57 亿个、包装箱约 143 亿个、胶带约 430 亿米。国内使用的包装胶带一年可以缠绕地球 1077 圈。而据北京相关部门一份不完全统计数据显示，全市 64 个再生资源分拣中心，一年共收集可再生资源 560 余万吨，其中仅快递包装等纸质垃圾，就达 150 万吨，占比近四分之一。

包裹数量每年成倍增长，带来的是电商们的狂欢盛宴，但是同时也带来了大量快递包装物的废弃、浪费，进而造成环境污染。有数据显示，每回收 1t 废纸可造 850kg 好纸，可节省木材 300kg，比等量生产减少污染 74%。因此，如何有效解决快递业包装物的回收利用，成为快递业亟须解决的问题，也是环保工作者亟需解决的难题。

快递业绿色包装是一项系统工程，从绿色循环产品的使用到包装回收体系的建立，以及快递包装耗材的减量化，都需要明确的标准。要从国家标准、行业规范、政策支持到落地法规，形成更为完善的机制，减少直至杜绝不环保包装，让绿色包装推广有法可依。

快递包装绿色化，其实是社会问题，涉及所有的消费者，单靠一个企业和一个行业的努力效果是有限的，需要全行业和上下游以及各个关联方共商、共建、共管，涉及全民环保意识、绿色产业的联动、建立包装循环体系、完善政策标准体系这四个方面。

3　文献综述

3.1　引言

我国快递业的发展最早可以追溯到 1979 年，日本海外新闻普及株式会社率先与中国对外贸易运输公司签订了第一个快件代理协议。1985 年中国邮政成立了经营数据业务的企业中国速递服务公司即 EMS，直到 20 世纪 90 年代上半期，EMS 几乎是国内快递业务的唯一经营者，是我国会计行业发展的萌芽时期。1986 年，UPS 和 DHL 先后和中国对外贸易运输集团在华合资成立国际货运代理公司开始经营在华国际快递业务，使得中国的快递业获得了更广阔的国际市场。1992 年邓小平南巡讲话后，1993 年申通和顺丰、1994 年宅急送、1999 年韵达、2000 年圆通等快递企业也相继成立，我国的快递行业得到了大规模迅速的发展，2005 年 UPS 和 FedEx 相继成立独资公司，经营在华业务。2007 年，TNT 通过全资收购中国公司，开始经营在华业务，中国快递业的国际市场得到进一步的扩大。2013 年全国快递企业已达 8000 余家，其中主要的快递品牌已达 20 余家，中国的快递业得到了真正的繁荣发展。2016 年，各大快递公司纷纷寻求上市以及转型升级，资料和科技的更多介入让快递业有了更大的想象空间。

3.2　《快递暂行条例》解读

《快递暂行条例》（中华人民共和国国务院令第 697 号，2018 年 5 月 1 日起施行）是为促进快递业健康发展，保障快递安全，保护快递用户合法权益，加强对快递业的监督管理，根据《中华人民共和国邮政法》和其他有关法律制定的。于 2018 年 2 月 7 日国务院第 198 次常务会议正式通过，在第一章总则里，就对快递的包装做出说明，“国家鼓励经营快递业务的企业和寄件人使用可降解、可重复利用的环保包装材料，鼓励经营快递业务的企业采取措施回收快件包装材料，实现包装材料的减量化利用和再利用”，这是对邮政体制改革实践成果的权威总结和高度肯定。

4　研究思路与研究方法

4.1　研究思路与方法

4.1.1　文献调查法

文献调查法，即搜集各种文献资料，摘取有用信息的方法。它不仅可以使我们了解与调查课题有关的已有研究成果、理论和方法，还可以进一步了解调查对象的历史和现状以及有关的政策和法规。我们以这些文献资料为基础不断完善对课题的整体认识。

4.1.2 访问调查法

访问调查法，即访问者与被访问者面对面利用口头的形式直接调查。我们利用此方法，对我们周围人群进行了简单的访问，了解了更多被调查者关于网购快递包装回收观点，为我们本次课题的研究进一步明确了研究方向。

4.1.3 问卷调查法

问卷调查法：

（1）明确调查的目的和内容。问卷设计的第一步就是要把握调查的目的和内容，实质也是规划问卷所需要的各种信息。我们认真的研究了调研的目的、主题和理论假设，将调研的问题进行具体化分析，使问题更有条理，操作简单。

（2）搜集相关资料。要想把一个问卷设计好，就不能纸上谈兵，凭空想象，而是要极力把所有的经验和智慧都落到实处。我们在制作这次的调查问卷之前，就一直在关注高考改革的问题，也一直在讨论，这次调查更是证实了我们的一些想法。

（3）确定调查方法。调查问卷的设计是受调查方法影响的，因为不同类型的调查方法所需要的问卷内容和形式是不同的，在这次市场调查中我们采用抽样调查的方法。

（4）确定每个问题的内容。在调查的形式决定后，接下来就是确定每项问题的具体内容。也就是说每项问题中都包含什么以及调查问卷的全面性。

（5）拟定问卷并进行预调查。问卷投放之前，我们进行了两次预调查，通过不断的修改，使我们的问卷不断完善。

（6）制成正式问卷，并实施问卷调查。

4.2 问卷设计与问卷发放

考虑到人们的具体情况各不相同，我们采用自填式问卷调查。自填式调查问卷对于调查对象来说无所谓背景，因此我们直接设计了一些与人们都密切相关的问题，这样更有利于搜集更多有效信息，增加问卷的可行性。经过思考，我们按照渐进的顺序来设计问题，首先我们了解了完成问卷的人所属群体，了解受调查群体的网购频率，以及对于快递包装盒的意见看法和平时收到的快递是否存在过度包装现象，接着又从调查群体是否了解快递盒回收的相关项目以及是否使用过相关软件提出了相应的问题等。了解他们如何处理快递盒，如何解决快递的盒的环保问题，是否可以接受二次利用，以及对于快递盒怎样处理更加环保问题的解决方案。答案的排列也是有一定原则的，是按照程度的递增排列的，更有利于调查对象的作答。在调查问卷设计成功后通过 QQ 空间、微信朋友圈等媒介进行发布，并获得调查样本总共 306 份，有效样本量 303 份。通过层层筛选最后得出调查结果。

5　调查结果分析与解读

5.1　调查对象的基本信息

在本次以《关于网购快递包装的回收利用》为题的调查问卷中，调查对象的基本信息，如图 1～图 3 所示。此次调查问卷，发放填写结果男女比例大致相等，调查具有普遍性。另一方面，参与调查问卷调查的主要年龄段为 18～24 岁，这一年龄段人群为网购的主要人群之一，为本次调查的真实性与科学性提供了保证。从图 3 中可以看出，大多数人每月网购次数为 1～15 次，甚至还有不到一成的人，每月网购次数达到了 15 次以上，仅有 6.17%的人表示基本不会网购。

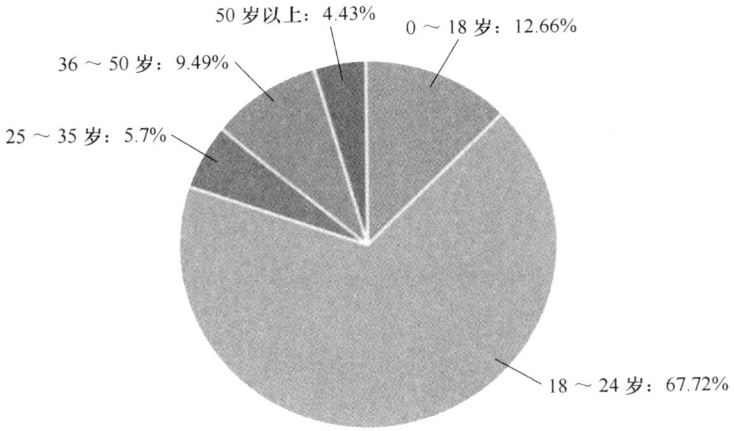

图 1　调查对象的年龄比例

5.2　快递包装的现状

根据图 4 所示，大多数人收到的快递包装主要是纸质盒装以及塑料包装，其中纸质盒装包装占主要地位，约为 58.02%，塑料包装约占 37.04%。而对于这些已经利用过了的网购快递包装盒以及包装袋，人们对此也有不同的处理方式。如图 5 所示，绝大多数人都会选择将快递包装丢弃，而仅仅有两成左右的人会选择对快递包装进行二次利用或者废品变卖。

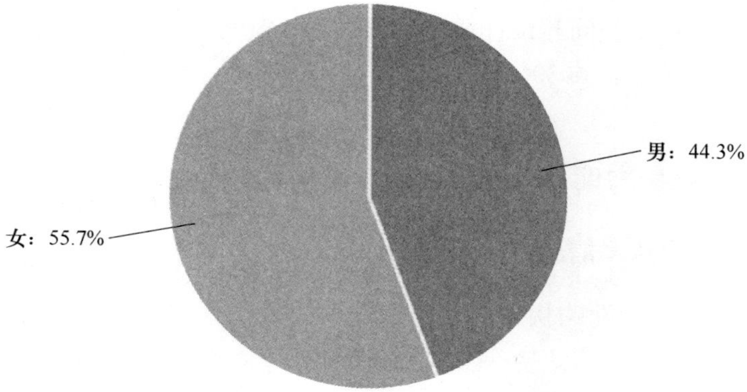

图 2　调查对象的性别比例

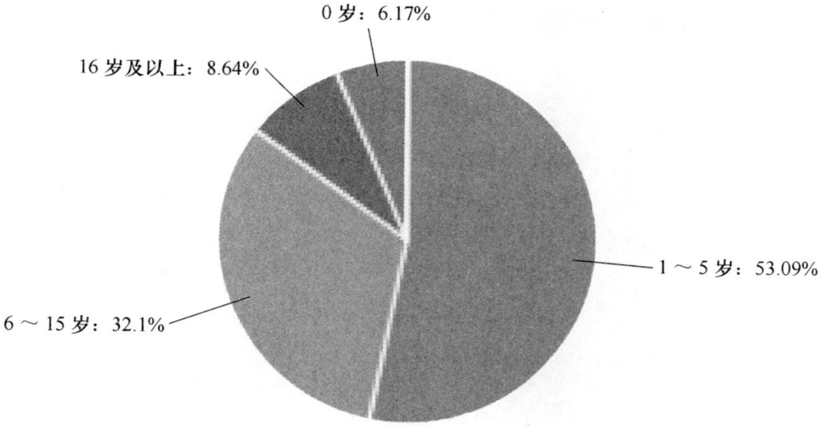

图 3　每月网购次数

5.3　快递的过度包装

如图 6 所示，关于网购时快递是否存在过度包装这一问题，有 5 成的人选择了“是”这一选项，就说明了过度的快递包装是存在于网购中的，并且这是一个较为普遍的现象。

另外根据图 7 中调查结果显示：虽然有 75.31%的人认为，快递过度包装，是一种浪费污染的行为，但仍有 14.81%的人认为无所谓，而选择方便快捷这一选项的人，也占到了 9.88%，这充分说明了人们对于快递过度包装的情况的认识还不够深入，还没有充分地认识到快递包装对环境是多么大的威胁，人们的环保意识还不够强。

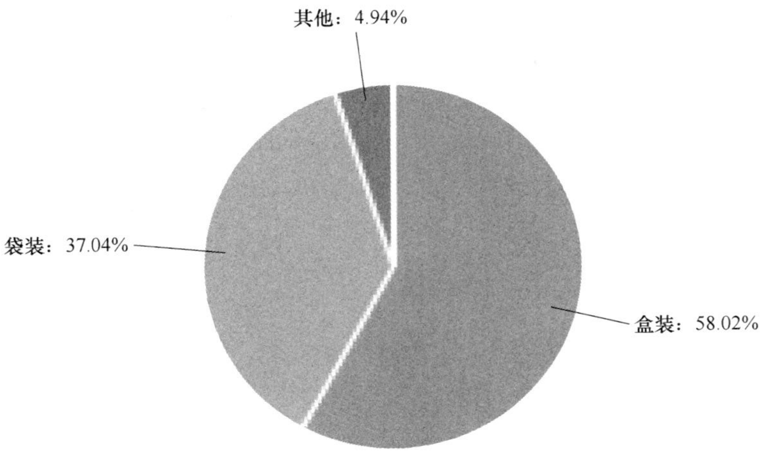

图 4　快递包装形式

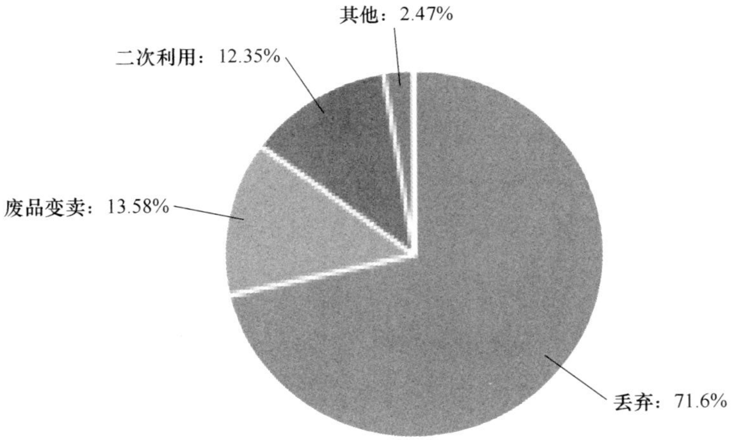

图 5　快递包装处理方式

5.4　绿色快递实施现状

如图 8 所示，关于快递包装回收项目这一问题，有大约 70%的人选择了“是”这一选项，而仅有 30.38%的人选择了“否”这一选项。也就是说大部分的人对快递包装回收项目不甚了解，总体来说快递包装回收项目的民众普及度较低，而京东、菜鸟裹裹等平台早在几年前就已经开展了此类项目，但经过了一段时间后，此类项目的普及度依然不是很高，也就说明了民众对于该问题的重视程度较低。另一方面，如图 9 所示，并不是所有知道这一项目的人都会选择将快递进行回收，有接近 72%的人都不会使用快递回收软件，回收程度较低，污染严

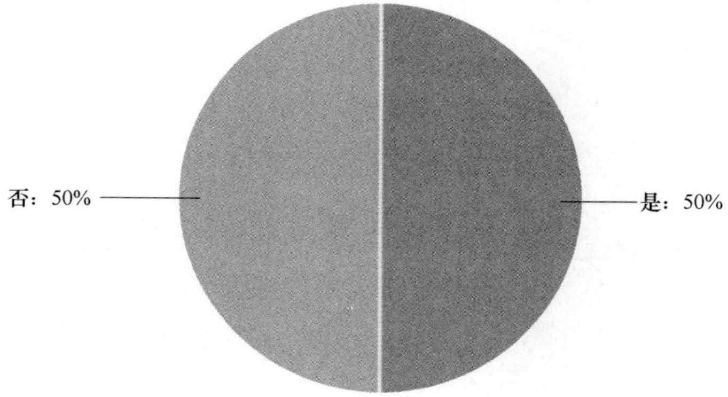

图 6　快递过度包装情况

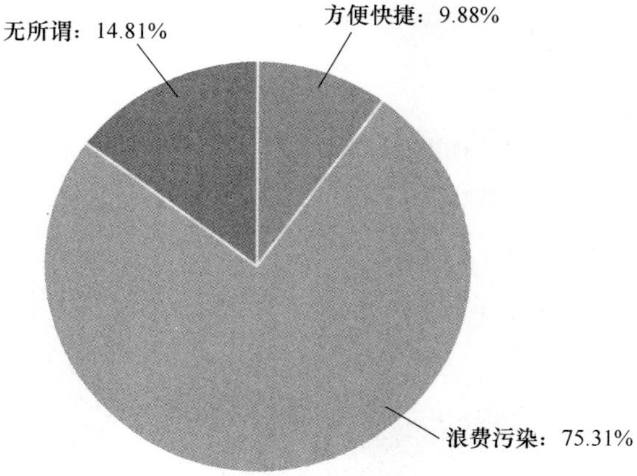

图 7　人们对于过度快递包装的态度

重，造成资源浪费。

"一撕得"拉链式箱子，通体没有胶带，顶部有一条类似于拉链的封口的纸箱，一撕即开。"一撕得"专利的波浪双面胶，用量少黏性大而且无毒易分解，在保障包装强度的同时不会带来环境的污染。而对于这种绿色环保的包装形式，仅仅有 30. 38%的人知晓（见图 10），并且不能代表所有知晓的人都曾经收到过或使用过这一包装。据调查，使用这个环保绿色包装的平台仅唯品会、天猫、京东等大品牌，而大多数网络快递仍然使用胶带与传统纸盒的组合形式。

如图 11 所示，对于是否介意会你的快递包装是经二次利用的包装这一问题，约 88%的人选择了可以接受或者十分支持，只有约 12%的人选择了介意，接受快递包装二次利用形式的程度比较高，而消费者可以对此快递包装二次利用的形式进行接受，也就间接地说明了此快递包装新形式的可行性，也为快递包装的绿色发展提供了新的方向。

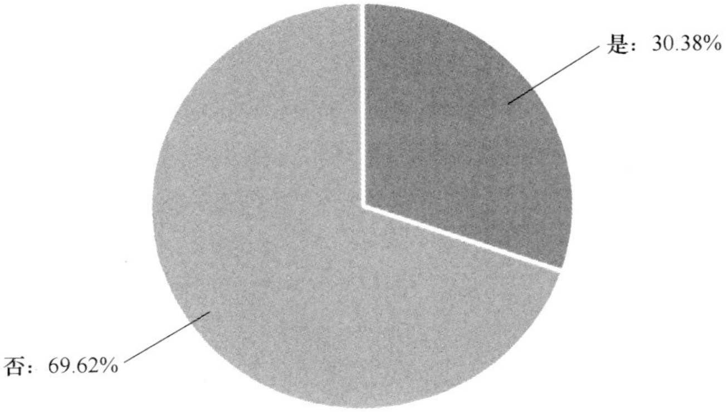

图 8　关于快递包装回收项目（菜鸟裹裹、京东等）了解情况

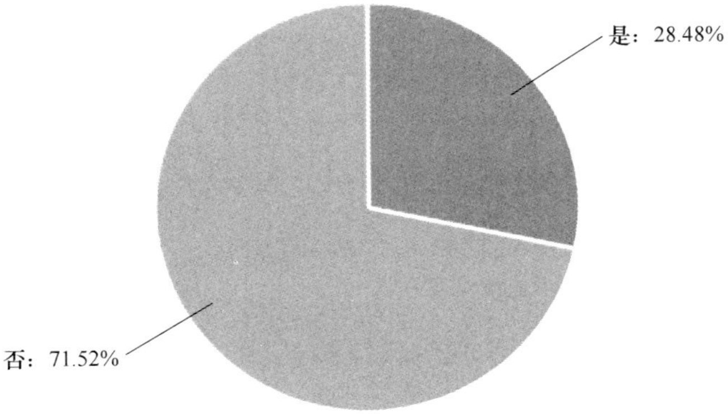

图 9　快递包装回收情况

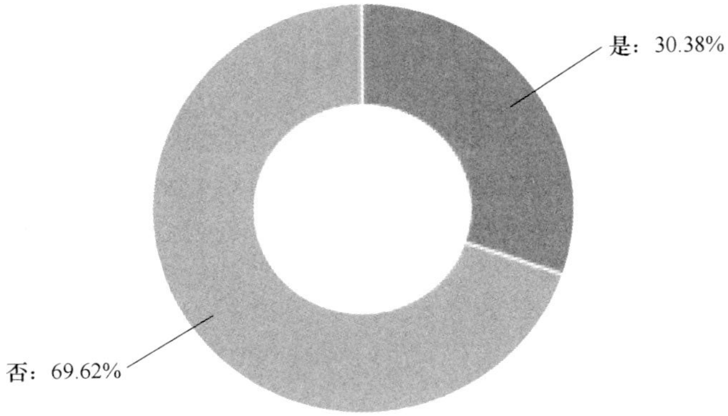

图 10　“一撕得”快递包装了解情况

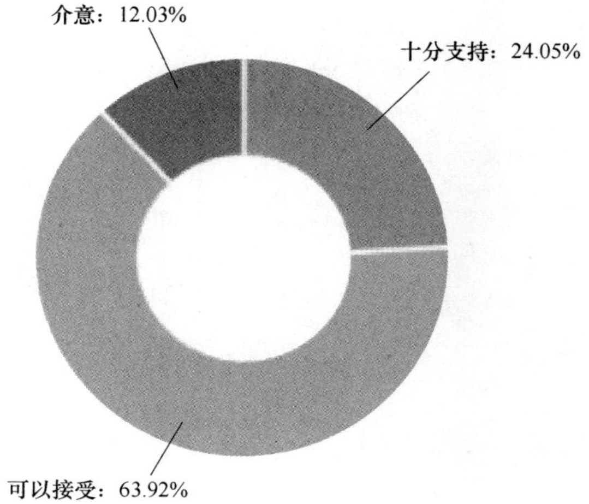

图 11　快递包装二次利用接受情况

6　调查结论与建议

6.1　调查结论

根据问卷调查的基本思路、目的，并根据问卷调查的结果，我们总结出快递包装的问题，本小节对其进行详细介绍。

6.1.1　快递包装选择非绿色化

对于快递业来说，包装选择非绿色化包括包装材料选择非绿色化和包装技术选择非绿色化。快递包装的包装材料主要包括纸质、硬纸盒、聚苯乙烯泡沫塑料板、气泡袋和塑料袋等，而这些材料都在一定程度上造成了资源浪费和环境污染。在造成资源浪费的同时，由于技术的投入较低，快递业还未达到绿色包装标准化的要求，使得快递公司仍有因包装不当或过度包装造成的经济损失。因此，以保护环境为宗旨，生产一种来源于自然又能回归于自然的包装材料，对创造一个可持续发展的环境起着至关重要的作用。

6.1.2　包装循环使用性能低以及回收难度大

回收品循环使用性能是决定回收品是否可循环使用以及循环使用次数的关键因素。日常快递包装的瓦楞纸箱主要考虑对产品的保护性能，没有考虑循环使用性能。在长期存储、堆码产生的蠕变和物流运输过程中的冲击振动都对纸箱抗压强度有损耗，降低了其循环使用性能。

调研发现，在瓦楞纸箱质量和运输环境相同的条件下，随着循环次数的增加，纸箱的抗压强度呈加速衰减趋势，最终平均一个纸箱可循环使用三次。其余快递填充物也在循环利用中也有一定的损坏，保护性能变弱。除了快递包装瓦楞纸箱，还有其他包装，例如快递袋包装，这种塑料袋较多的是用聚乙烯材料做成，并且质量差，数量大，循环使用性能差，不适宜循环利用。

回收的难易程度是评价回收循环利用的可行性前提条件。快递包转、中转越复杂，覆盖面积越广泛，消费者终端对包装要求越高，循环利用快递包装的难度就越大。电商零售行业，因其产品销售范围遍布全国甚至全世界，终端是个人消费者，其包装用瓦楞纸箱回收循环利用的可行性就很差，需要耗费大量的人力、物力、财力，再加上人们的环保意识不强，随意丢弃废纸箱，此外，快递包装的形状各异，没有统一尺寸的标准，使回收的包装很难被适当的利用。因此快递包装废弃物的回收利用难度大。

6.1.3　快递包装回收非规范化

收件人收到快递后，更多的是关心包装里面的物品，往往会把包装物遗弃，很少留存作为再次寄送物品使用。人们的低碳物流、绿色包装的意识淡薄，此外，大多快递公司缺乏社会责任感，没有设立专门的包装回收渠道。在法律方面，快递包装业并没有得到有效的法律规范和约束。我国至今尚未建成有效的包装回收再利用网络系统，包装回收问题一直没有得到有效解决。

6.1.4　快递包装“过度”

“过度包装”在快递包装中普遍存在，包装材料浪费严重。2013 年我国快递日均业务量突破 3000 万件，这样计算，每天产生的废弃包装就达到千万件，浪费惊人。

卖家发货时，出于对“宝贝”的保护，通常采用“三重保护”：第一层是产品本身的包装，第二层是硬纸盒，然后外面再套快递袋。为了保证包装袋或纸箱不会破裂，还会在最外面一层缠上大量胶带。近两年，我国收发快递总件数每年都在 48 亿件左右，如果按照每件快递使用 1m 长的胶带计算，我国快递业每年用掉的 PVC（聚氯乙烯）透明胶带足以沿赤道绕地球近 120 圈，这些垃圾埋在土壤里 100 年都不会降解。

6.2　针对快递包装存在的问题的建议

6.2.1　针对包装材料的非绿色化的对策

目前包装材料的非绿色化主要体现在两个方面：（1）包装材料的难以降解；（2）包装材料对人和生态系统的有毒有害性。在快递包装材料的选择上，应选择对人体和生物系统无毒无害，符合绿色材料的标准，易于回收再利用的包装材料；对于不可回收和利用的包装材料应选用可自行降解且降解周期短的材料。比如有易溶于水的用玉米淀粉掺入聚乙烯后研制成的玉米塑料，有经几个月日晒就能消失的碳酸钙“保洁材料”，有已被我们所熟知的糖果包装上使用的糯米纸和盛放冰激凌的玉米烘烤包装杯那样可食性的壳聚糖，还有可清洗、可循环再利用的高质量塑料包装聚苯二酸乙烯（PET）等。

6.2.2 针对包装无循环性的对策

快递包装最可实现的可循环包装即为包装容器（包装盒、包装箱等）。在包装容器的选择上，对于规则的商品，可以采用特制的具有标准规格的循环使用包装盒。可以现有的包装容器的尺寸为参考标准，如 130×80×90、145×85×105、175×95×115、195×105×130、210×110×140、230×130×160、260×150×180、290×170×190、350×190×230、430×210×270、530×230×290（均为 mm×mm×mm）等等。这种循环使用的包装盒必须采用质地良好、耐用性强、抗腐蚀性强、可以长期循环使用的材料。例如铁质、聚酯塑料、木质等。回收的方法为：客户取件时将包装盒取下，客户拿走里边的商品即可；对于有隐私要求的客户，服务站点给予免费提供可降解的塑料袋来装放商品。建立回收体系，快递公司可请快递员在上门派送货物时，顺便回收前期的快递包装，进一步增加快递包装的回收渠道。

6.2.3 针对无回收利用标准的对策

针对无回收利用标准的对策：采用可再次利用的材料，建立回收体系。建议政府相关部门采取有效措施加快对快递包装的分类回收。政府可联合大型电商如一号店、京东等和部分快递企业实施快递包装回收计划，试点在电商或快递企业在本市的货物自提点或物流配送中心设立集中的快递包装回收点，分类回收快递包装箱等包装材料。参与包装回收的市民可获得电商的消费积分奖励或快递公司的运费优惠等。而加入快递包装回收计划的电商和快递企业在体现其作为商业企业对社会的环保责任之外，可循环再利用的快递包装也能降低其成本。政府为了倡导商业企业担当环保责任，最大程度减少资源浪费和环境污染，可适当给予加入快递包装回收计划的电商和快递企业一定的财政补贴，以此激励更多的环保善举。

6.2.4 针对快递包装缺乏标准的对策

政府和快递行业协会应当成为快递包装标准化的制定者。在包装尺寸方面，主要是瓦楞纸箱和包装袋，政府和行业协会应依据目前快递包装的实际需要，制定一个符合快递行业发展的需求。在包装材料方面，快递包装材料分为外部包装材料以及内部填充材料两大部分。外部包装材料分为封套式、箱式和袋式三大类，主要起直接保护作用。内部填充材料主要为弹性发泡类材质，用于吸收撞击，起缓冲作用。为了包装材料能有效起到保护作用，需对材料规格、材料性能等项目进行规定。

6.2.5　针对过度包装的对策

快递公司要建立规范化并且合理的包装流程，逐步形成这一行业的标准化包装指导书。按照标准化包装指导书，加强对职工快件包装的操作规范，使每一个员工形成标准化的操作方式方法。量化包装盒的选择，给每个包装盒的选择划定范围，通过这种固定的范围，来规范包装盒的选择；同样，填充物的填充量也量化，减少填充物的浪费。

参 考 文 献

[1] 关晓琳．绿色理念在包装设计中的体现探讨［J］．包装工程，2013(16)：102-104，114.
[2] 刘伟兴，陈祝，王韬，等．快递包装引发的环保问题调查［J］．进出口经理人，2017(7)．
[3] 金聪琪，郑超丽，张勋，等．现行快递包装运送方式缺乏便捷性的研究［J］．大众科技，2012 (12)：176-177.
[4] 章健，何晓华．一种可回收、变形的包装箱［J］．神州，2012 (20)．
[5] 路永华．快递包装现状及影响因素调查研究［J］价值工程，2016，(8)：215-217.
[6] 何源源，宋双丽，刘斯同．快递包装使用现状的调查及其绿色化建议［J］．管理观察，2018 (8)：70-72.
[7] 孙宝会，丁雨洁，薛亚蒙，等．网购时代下绿色快递包装现状分析报告［J］．经营者，2017 (12)．
[8] 刘建国，刘益明．论物流与包装设计［J］．株洲工学院学报，2006，20 (5)：12-14.
[9] 彭国勋．物流包装成本是前提——三论科学发展观与包装［N］．中国包装报，2008(2)．
[10] 华瑶，杨蓉蓉，高颖异．现代绿色物流管理策略研究［J］．东北电力大学学报，2006，26 (5)：43-46.
[11] 王瑆．关注环保难题加快对快递包装分类回收［J］．中国包装，2014 (3)：55-57.

“饿了么”市场调查与分析

仁利荣　孙 海　杨立军　余忠宇　黎 娇

摘要： 本调查及分析基于 web 的网上订餐系统，适当地把一些常用的管理功能整合进系统，从而达到相关功能整合的目的。同时由于整合了一些功能，对于用户的安全性也有提高，所以在权限判断等关系到用户信息安全的逻辑处理方面也要进行改善和加强。在用户体验方面，系统界面的设计要有友善性、可行性、安全性的要求，对于一些比较专业化的操作要实现透明，同时系统要在某些方面提供给用户优化、智能化的建议，以便于用户进行操作，从而使用户得到最满意的信息。

网上订餐系统的开发可以方便许多消费者了解各种各样的商品的基本信息，它所提供的不仅仅是商品的外观与包装作为主要信息，还包括相关的一些店铺的信息、消费者的情况、商品信息的查询、会员的注册、留言板功能、最新广告信息、动态链接等。让消费者登录这个网站就能够了解到商品的相关介绍，比较方便地选择符合自己口味的商品或者获得自己想要了解到的资料。此外，还设计了友情链接，方便消费者进入常用网站浏览娱乐。网站后台的设计方便管理员的操作，设计得非常周到，其添加、修改、删除都非常的简单，能让一个不懂电脑的人操作几次就能明白。所以在设计上，应具备界面友好、功能完备、具有一定的容纳能力，安全性高，及可靠性、保密性和数据一致性等特点，打造一个安全、稳定、易操作的网络交易平台。网上订餐系统解决了传统的订餐管理所存在的问题，为用户提供了一条方便、快捷的途径。

1　调查背景

当今中国经历着翻天覆地的变化，经济形势一片大好，科学技术不断进步，互联网已深深浸透千家万户。在互联网的驱动下，电子商务得到了空前的发展。社会节奏在加快，工作节奏也在加快，时间即是金钱，人们不再满足古老的饮食方式，故对饮食的要求呈现快捷化，因此移动订餐行业应运而生。移动订餐是建立在移动支付上的，在外卖平台上可随时随地进行点餐、订餐，是餐饮方式的一种变革升级。移动订餐是移动互联网与餐饮行业的结合，是 O2O 在餐饮行业的成功实践。

“饿了么”是 2008 年创立的本地生活平台，主营在线外卖、新零售、即时配送和餐饮供应链等业务。创业 10 年，“饿了么”以“Everything 30min”为使命，致力于用科技打造本地生活服务平台，推动了中国餐饮行业的数字化进程，将外卖培养成中国人在家吃饭、食堂吃饭的第三种常规就餐方式，它将餐饮服务变成商品，让买卖双方直接交易。主要提供外卖和点菜两大功能，通过外卖送上门和到店消费来实现。通过“饿了么”可以方便地搜索到附近的盒饭、水果、饮料、蛋糕等外卖信息，消费者可以随时随地自助下单，留下送货地址和电话，十几分钟后，外卖商户就把新鲜出炉的美食送上门。

2　调查的必要性

移动订餐开启了餐饮新天地，未来将引领餐饮新趋势。当下，各种订餐软件数不胜数，竞争对手层出不穷。中国电子商务研究中心监测数据显示，2018 年中国餐饮行业 O2O 市场规模已达到 4450.3 亿元人民币，相比去年同期增幅高达 114%，整体市场仍处于高速增长的形势。分析指出，伴随餐饮外卖业务的大幅度发展、以及更多新零售品类接入，即时配送服务、到家业务对本地生活市场的渗透还将进一步提高。

为了快速争夺市场，各家开始了疯狂的“圈地运动”。“饿了么”“大众点评”的 8000 万美元 D 轮融资后，加速其扩张的步伐，由原先的 16 个覆盖城市扩充到 150 多个覆盖城市，市场份额也一路猛进。美团外卖的业务也已经覆盖全国百余城市，年内完成全国主要城市覆盖，计划未来 3 年投资 10 亿元进行业务拓展。在百度指数中，输入“网上订餐”的关键字，相继出现的是必胜客、肯德基、吉野家、德克士等外卖，有必要对移动订餐行业做一个调查，通过了解消费者的真正需求，以便更好地把握市场动向，推陈出新，更有针对性的开发顾客需要的产品，以物换心，占领更多市场，达到预期的经济效益。本文从沈阳市“饿了么”订餐软件的使用情况进行研究来了解“饿了么”的优势与劣势，以便更好地服务大众。

3　调查的目的

调查的目的为：

(1) 了解被调查者使用网络订餐的行为习惯。

(2) 了解被调查者使用“饿了么”的行为特征。

(3) 了解被调查者使用“饿了么”的消费感受。

(4) 针对“饿了么”提出改进方面的意见。

4　研究思路与研究方法

4.1　研究思路

针对本次进行的关于沈阳市“饿了么”网上订餐软件使用情况的问卷调查，

首先我们采用线上线下发放问卷的方式，在沈阳市内针对不同年龄段的人群进行问卷的填写，最终通过问卷的数据统计和统计学中的数据分析 app 软件等，得出关于此问卷研究的相关数据。

4.2 研究方法

4.2.1 文献研究法

在网络和图书馆搜集和整理国内外有关“饿了么”订餐软件使用情况，该方法贯穿于论文结构、问卷设计和撰写等研究的各个环节。在研究过程中，沈阳市图书馆馆藏图书《运用信息技术》《促进中国餐饮业发展》《管理信息系统原理与应用》《餐饮概论》《计算机技术与发展》《饭店业营销领导原理与实践》《网页制作技术》《网页制作教程》等的文献，并对这些文献进行分析和研究。

4.2.2 问卷调研法

调查者自己填写，完成调查问卷，我们采用设计性问卷的调查方法在各大高校及各大商圈人流聚集地进行面对面调查，在互联网上采用问卷星的调查方法，问卷填写时间控制在 5min 以内。

4.2.3 实证研究法

将文献研究与问卷调查结果结合进行问题和研究变量的定义，通过问卷调查，然后进行数据分析和整合，采用数理统计工具 SPSS18.0 进行数据分析，根据统计分析的结果做出结论。

4.3 问卷设计及问卷发放

在本次调查问卷的设计中，主要采用以下几个步骤：

(1) 确定调查目的、来源和局限。

(2) 确定数据的收集方法。

(3) 确定问题的回答形式。

(4) 决定问题的措辞。

(5) 确定问卷的流程和编排。

(6) 准备最后的问卷。

(7) 整理问卷并分析数据。

本次市场调查是依托“饿了么”企业进行的，随着互联网时代的到来，人们生活的节奏加快，人们对饮食的要求转为快捷化，移动餐饮行业应运而生，在各种移动订餐软件激烈争抢占有更大市场的今天，作为阿里（已被阿里收购）进军餐饮业 O2O 的“饿了么”订餐软件，更不能在移动餐饮行业示弱，因此我们联手“饿了么”企业对沈阳市的市场进行了一次较为全面的市场调查，从而更完整的了解消费者的消费情况。

本次市场调查分为线上和线下两部分，线上是通过“问卷星”将调查问卷在朋友圈、QQ 空间以及各种社群中发布，从而搜集数据；线下则是通过实地发放问卷并进行回收来搜集数据。最终，将搜集到的问卷进行筛选，经过完整统计，剔除无效问卷，对有效的问卷进行分析、总结。

4.4　在问卷设计中考虑的因素

在问卷设计中考虑的因素有：

（1）单选问题的备选答案要穷尽，之间不能有交集。

（2）多选题的备选答案必须是互不排斥的。

（3）避免诱导性提问，问题要保持中立，不能有倾向性，题干要避免出现判断性语句。

（4）问卷长度不能太长，要考虑应答者的回答耐心，避免使用冗长复杂晦涩的语句。

（5）问卷一定要通过小规模访谈来修改，经过小规模试调，问卷题项的增删，用语的调整，最终确定正式问卷。

5　调查结果分析与解读

5.1　调查方法方式及调查范围

此次我们随机抽取了各大高校以及人口集中地区的人员来完成该调查，通过微信中的插件“问卷星”平台发布网上调查问卷和周边市区随机纸质问卷调查。以下是调查对象的基本信息。

5.2　调查对象的基本信息

5.2.1　调查对象的年龄分布

调查对象中 20 岁以下占样本量的 29%；20～40 岁占样本量的 69%；40～60 岁样本量的 1%；60 岁以上占样本量的 1%。可见调查对象的年龄大部分集中在 20～40 岁，如图 1 所示。

5.2.2　调查对象的职业分布

调查对象的职业中学生占样本量的 86.27%；公务员占样本量的 0.84%；白领占样本量的 7%；自由职业者占样本量的 5.88%。可见，大部分调查对象的职业是学生，如图 2 所示。

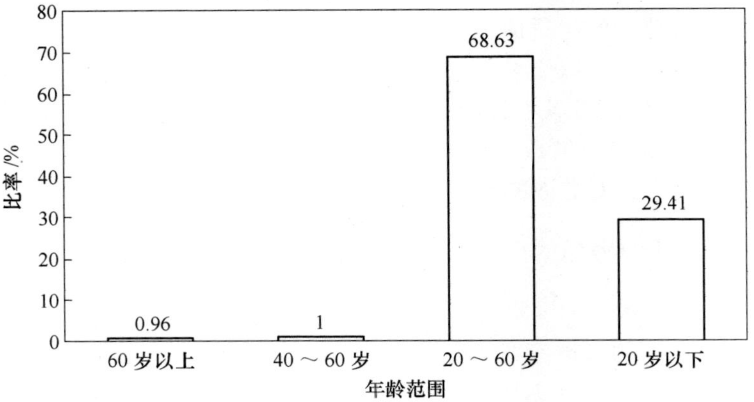

图1　调查对象的年龄分布

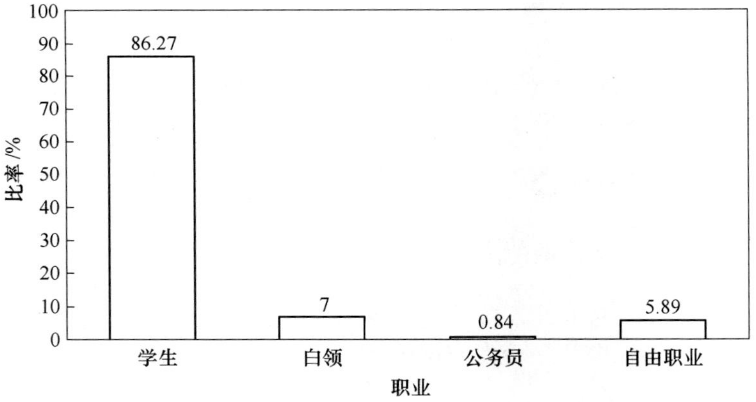

图2　调查对象的职业分布

5.2.3　调查对象的性别比例

此次调查中调查对象的男女比例近乎相等，其中男性调查对象占总体样本变量的50.2%；女性调查对象占总体样本变量的49.8%，如图3所示。

5.2.4　使用频率

调查对象中使用网络订餐软件的频率在每周6次以上的占样本量的7.84%；每周4到6次的占样本量的5.88%；每周不多于3次的占样本量的56.86%；从来不用的占样本量的29.41%，如图4所示。由此可知，大部分调查对象对于网络订餐软件这一新型的订餐方式使用度不高。

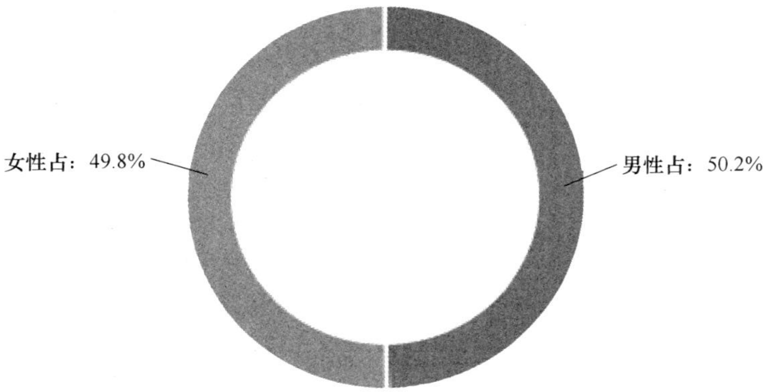

图 3　调查对象的性别比例

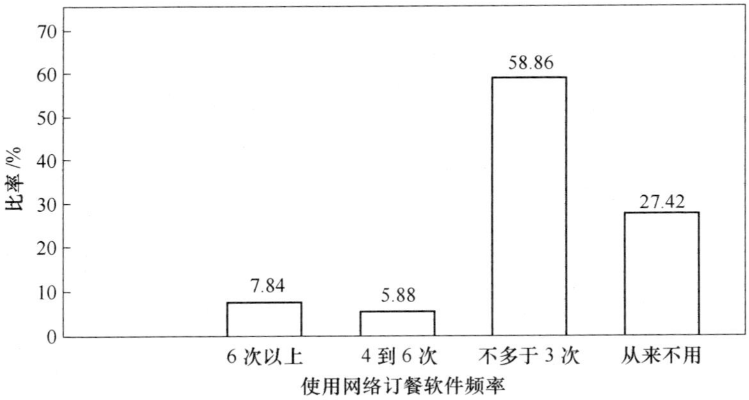

图 4　使用网络订餐软件频率

5.2.5　调查对象使用网络订餐软件的原因

如图 5 所示，调查对象中使用网络订餐软件的原因中天气因素占样本量的 19.61%；餐点选择多样占样本量的 1.96%；便捷实惠占样本量的 37.25%；不爱运动占样本的 41.18%。可见，大部分人使用网络订餐的原因是怕麻烦不爱动，一部分人使用网络订餐软件的原因是喜欢它的便捷实惠，其次是看重它的餐点选择多样，天气因素也是影响人们对订餐软件使用的一个很大的因素。

5.2.6　调查对象使用“饿了么”点餐的频率

如图 6 所示，调查对象中使用“饿了么”订餐软件的频率在每周 6 次以上的占样本量的 6.55%；每周 4 到 6 次的占样本量的 7.2%；每周不多于 3 次的占样本量的 62.25%；不使用的占样本量的 24%。可见，大部分调查对象对于网络订

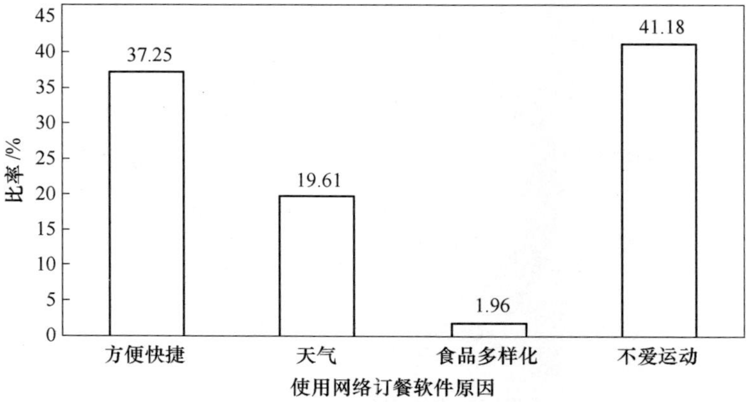

图 5　调查对象使用网络订餐软件的原因

餐软件中“饿了么”这一新型的订餐方式使用度不高。

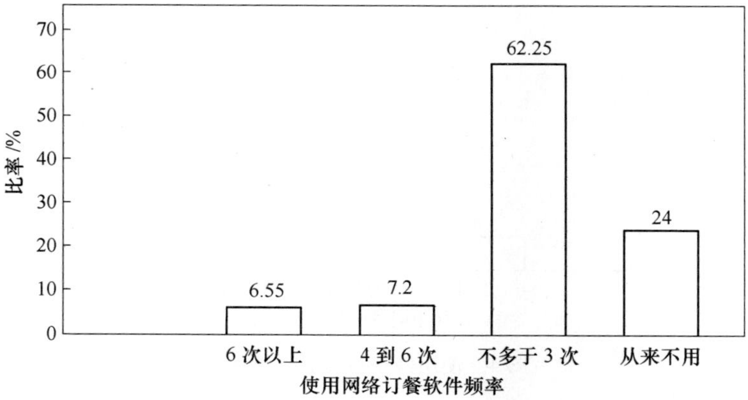

图 6　调查对象使用“饿了么”点餐的频率分布

5.2.7　除了“饿了么”，调查对象还使用的订餐软件

如图 7 所示，除“饿了么”外，“百度外卖”占样本量 25.9%；“美团外卖”占样本量的 41.9%；“大众点评”占样本的 10.6%，“口碑”占样本的 15.6%，其他占样本的 6%。由此可分析，在使用“饿了么”的基础上，大部分人群同时还比较青睐于美团外卖，然而使用其他不知名的软件不是很多，大部分的调查者更喜欢多个订餐软件同时使用。

5.2.8　调查对象是否因为互联网点餐有优惠才使用

由图 8 可以看出，有很大一部分人使用点餐软件是被一些优惠所引导使用的。

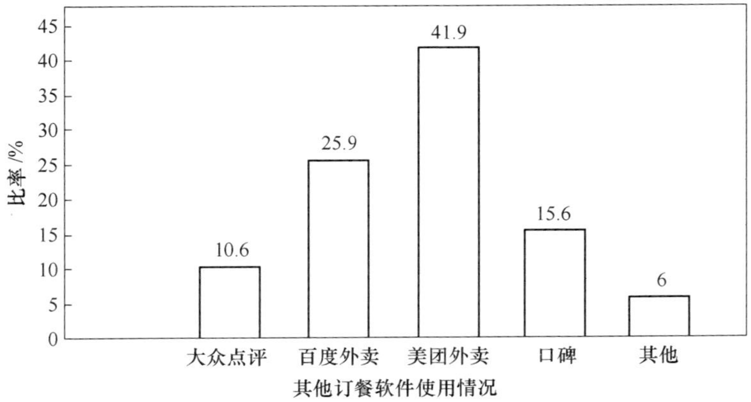

图 7　除了“饿了么”，调查对象还使用的订餐软件

图 8　调查对象是否因为互联网点餐有优惠才使用

5.2.9　在各大外卖平台做出必要改进后，且别的平台更有优势时，调查对象是否会选择“饿了么”来订餐

如图 9 所示，当其他平台改进后，会有 54.9%的不愿选择“饿了么”，所以要想留住客户，必须得不断完善和优化“饿了么”的各个方面，只有这样才能留住客户。

5.2.10　调查对象不使用“饿了么”的原因

如图 10 所示，调查对象不使用“饿了么”的原因中服务态度欠缺占样本量的 12.2%；送餐速度不够快的占 13.2%；活动更新慢占样本的 19.61%；功能不完整占样本的 15.6%；品类单一占样本的 6.2%；其他占样本量的 31.19%。因此，公司应该在“饿了么”上推荐更多的商店，增加更多的功能，例如增加甜点、饮料、小吃等其他服务。

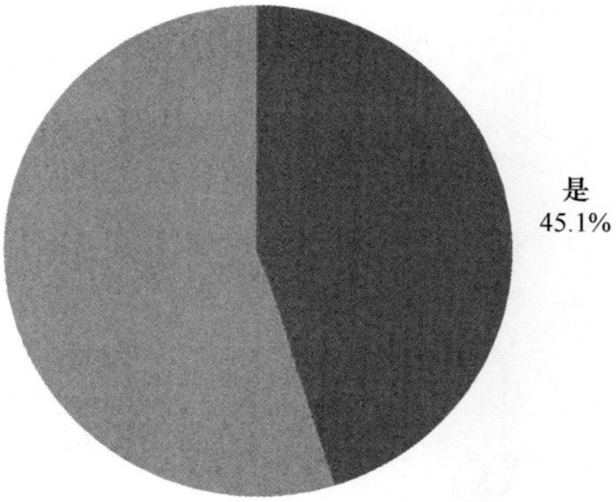

图 9　各大外卖平台做出必要改进后，且别的平台更有优势时，调查对象是否会选择“饿了么”来订餐

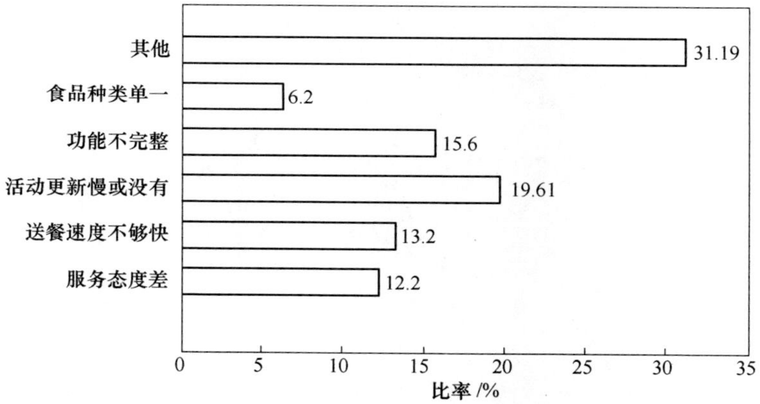

图 10　调查对象不使用“饿了么”的原因

5.2.11　调查对象使用“饿了么”点餐的原因

如图 11 所示，使用“饿了么”订餐的原因中，方便、便捷省时间占样本量的 20.2%；服务态度好占样本的 15.5%；经常撒红包的原因占样本的 25.1%；公司的影响力决定因素占 11.2%。在众多因素中撒红包占的比例非常大，同时说明撒红包可以吸引很大一部分人使用“饿了么”。由此可知，方便、便捷省时间和能提前预订，节省时间以及省钱、优惠，活动丰富是调查对象使用饿了么的主要原因。

5.2.12　调查对象的订餐送达时间

通过调查可知，外卖的送达时间一般都是 15min 到 35min 之间，15min 内送

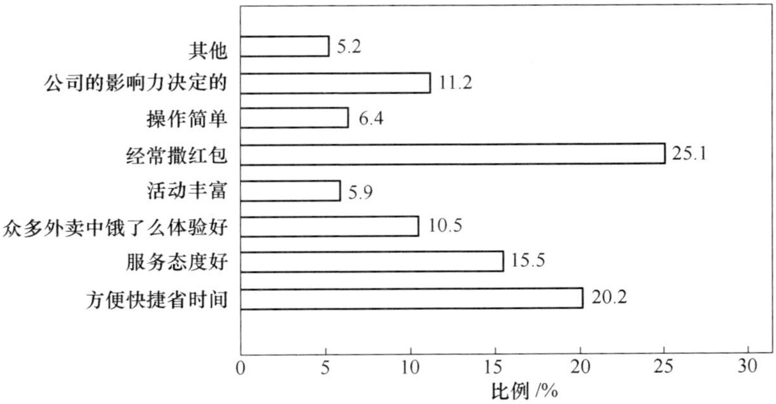

图 11　调查对象使用“饿了么”点餐的各原因所占比例

到的占样本的 9.8%，35min 以上送达的占样本的 23.53%（见图 12）。

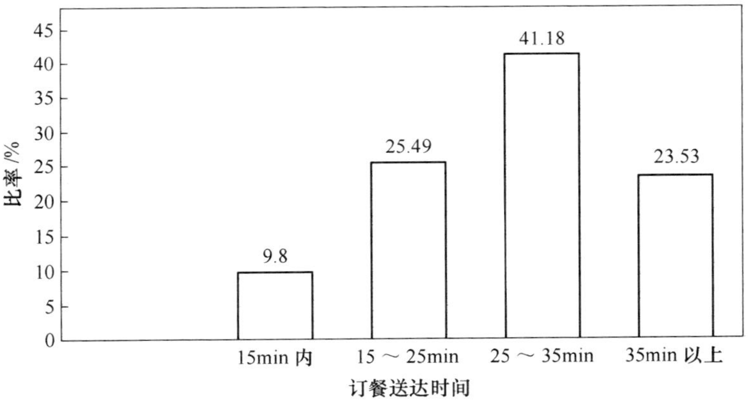

图 12　调查对象的订餐送达时间比例图

5.2.13　调查对象的收入

从月收入来看，2000 元以下的占比为 82.35%，2000 ~ 5000 元占比为 11.76%，5000 ~ 8000 元的占比为 3.92%，而对于 8000 元以上的仅仅为样本的 1.96%。由比率可以看出收入越高的那部分人并不喜欢点外卖，而对于 2000 元以下的部分大多数属于学生，但这部分人使用比率非常大（见图 13）。

5.2.14　对于“饿了么”的店家需要改善的地方

由调查的情况可知，“饿了么”的店家需要改善的有价格、送餐速度、卫生情况、食品味道等方面，需要改善的地方所占比例如图 14 所示。

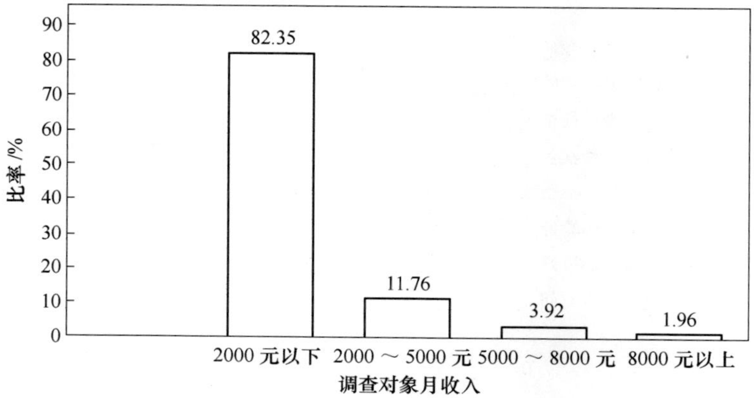

图 13　调查对象的月收入分布图

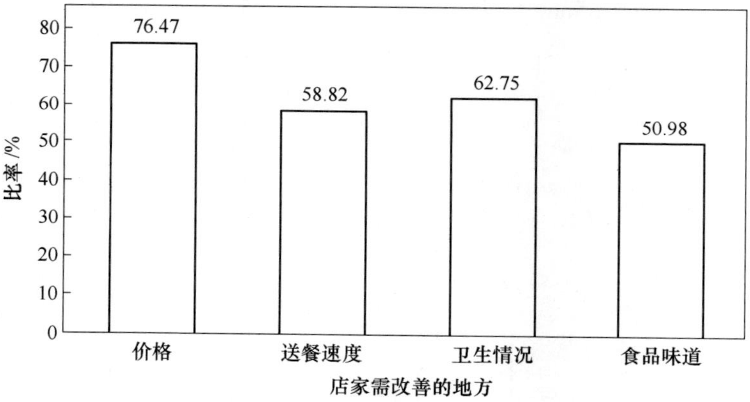

图 14　“饿了么”店家需改善的地方所占比例分布图

5.2.15　在订外卖时，调查对象的追求

调查对象对定外卖最注重的因素中送达时间占样本量的 19%；价格占样本量的 23%；饭菜分量占样本量的 15%；菜品种类搭配和营养占样本量的 11%；工作人员态度占样本量的 7%；卫生情况占样本量的 12%；味道占样本量的 9%；其他因素占样本量的 13%。由此可见，价格、送达时间是顾客选择哪个订餐软件最注重的因素。因此，企业可以在价格、送达时间等方面做出改善。其比率分布图如图 15 所示。

5.2.16　调查对象对“饿了么”的满意程度

如图 16 所示，调查对象对于店家服务质量的满意程度中很满意占样本量的 17.65%；一般占样本量的 76.47%；不满意占样本量 3.92%；很不满意占样本量

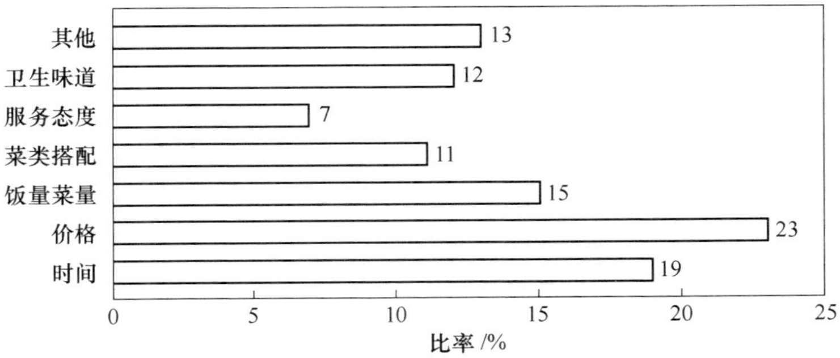

图 15　订外卖时，调查对象的追求比率分布图

的 1.96%。可见，店家服务质量有待提高，不然难以留住顾客。

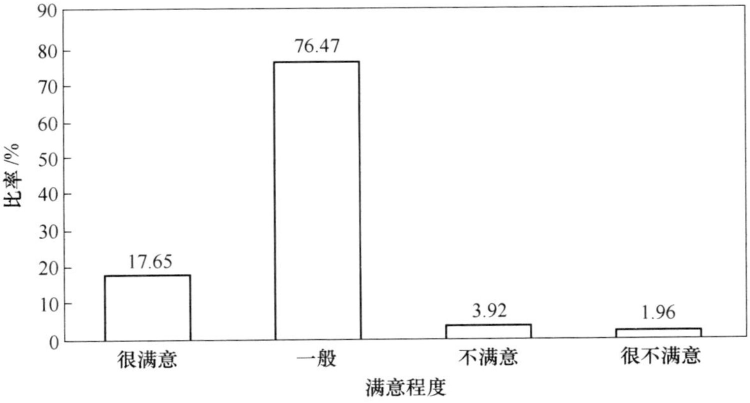

图 16　调查对象对“饿了么”的满意程度比例分布

5.2.17　调查对象喜欢的“饿了么”活动

如图 17 所示，调查对象对于最喜欢“饿了么”的活动中打折优惠券占样本量的 38%；会员卡积分占样本量的 15%；赠送小礼品占样本量的 30%；试吃体验占样本量的 10%；其他活动占样本量的 7%。可见，调查对象比较喜欢“饿了么”所举办的打折优惠券、特惠套餐等活动。因此企业可以推出此类活动，以达到吸引顾客的目的。

5.2.18　调查对象是否认为订外卖是退化懒惰的行为

由调查人群可以看出，有约一半的人认为外卖是退化懒惰的行为，而另一半认为这不是（见图 18）。

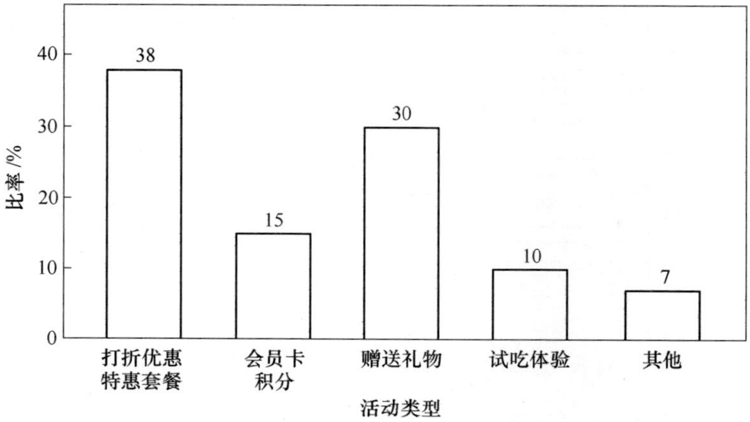

图 17　调查对象喜欢的“饿了么”活动比率分布图

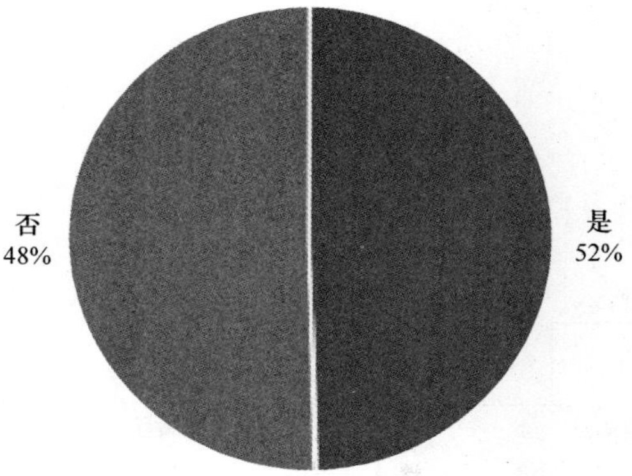

图 18　调查对象是否认为订外卖是退化懒惰的行为

6　结论与建议

6.1　调查结论

经过对网络订餐软件调查可以得出以下结论：

（1）大部分被调查者对于网络订餐软件这一新型的订餐方式使用度不是特别高，大多数都不超过 3 次。多数被调查者使用网络订餐软件是因为不爱运动，其次是因为方便快捷，天气因素也是影响调查者对订餐软件使用的一个很大的因素。大多数人都选择用“美团外卖”，然后就是“百度外卖”，而对于“大众点评”和“口碑”之类的网络点餐软件的使用比率不是很多，且他们对于订餐软件的价格优惠较为看重。

（2）性别对使用网络订餐软件的频率的影响是比较小的。而月收入对于消费考选择网上订餐有一定影响。月收入较低的消费者会选择价格便宜、优惠活动较多的网络订餐。而高收入的消费者对于网络点餐软件的使用比例非常小。在网络订餐软件的使用人群中，学生为消费主体，公务员和白领使用网络订餐软件的频率相对来讲较低。而年龄在 20~40 岁这个阶段的人对网络订餐使用较为频繁，60 岁以上的被调查者对网络订餐这种新型的订餐方式几乎不使用甚至不了解。

（3）整个调查分析过程中，价格导向效果颇为明显。网购模式，方便、便捷和能提前预订，节省时间以及省钱、优惠，活动丰富是被调查者选择使用“饿了么”的主要原因。被调查者多数倾向于“饿了么”的红包，满减、特惠套餐等类似的降价活动。消费者日常外卖的送达时间集中在 25~35min 左右。被调查者对于店家服务质量的满意程度中持一般满意的占多数，店家服务质量有待提高。“饿了么”应推荐更多的商店，增加更多的功能，在送餐速度及价格等方面做出改进。我们应尽快的根据市场需求进行调整。

6.2　建议

6.2.1　关于“饿了么”服务态度方面的建议

现在我们经常都会听到一些关于送餐人员和买家因为服务态度问题争吵，严重情况下甚至大打出手，闹上法庭，造成了许多不必要的麻烦。因此，我们不得不去重视这一问题，并去解决这一问题。解决这一问题我们就必须从买家和送餐人员方面去解决，对于送餐人员，“饿了么”公司应该对他们进行培训，一切都要做到顾客为上，不管顾客对我们怎么进行批评，我们都要好好交流，当谈不了的时候主动说声对不起，好取得顾客满意。因为服务行业本就是一个顾客为上的行业，有些时候没必要一定要讨论出双方谁的对错。还有一点就是在招收送餐人员时，我们就要严格要求，要求面试，在面试时通过填写问卷测试他们的性格等方面是否适合做一个送餐人员，当然，单一的填写问卷并不能保证测出该人员的真正性格，我们在面试人员不知情的状况下设置一下情节，看他们如何去解决，他们的处理方式是否是我们所满意的，是否符合我们这个行业的工作需要，从根本上去处理送餐人员因心理素质不好而对顾客造成一系列的问题。对于买家，我们就只能从素质上去解决，提高他们自身的素质，让他们明白送餐人员的不容易，有什么问题好好谈，有好的语气，明白送餐人员的不易，去理解他们。

6.2.2　关于“饿了么”送餐时间和送餐人员安全问题的建议

送餐时间现在也是“饿了么”存在的一个大的问题，因为送餐时间太慢，会导致送到的时候饭菜凉了，或者因为顾客太忙赶不上吃饭等问题。所以我们不得不去解决这一大问题。之前谈到的绕过红绿灯就是为了省时，有些人或许觉得不就一个红绿灯吗，能耽搁多久，其实我们仔细想想，一个红绿灯一两分钟，当我们遇到几个红绿灯时就是六七分钟，六七分钟或许对有些人来并不在意，但是六七分钟可能会让我们吃凉的饭菜或者吃不上饭。除了绕开红绿灯这种解决方法，还有一种就是使送餐人员的送餐工具达到多样化，例如，在交通堵塞的时候，我们可以骑自行车。在下单的时候，如果距离太远，到达时间便相应延长，如果顾客等不及便不会下单。

这不只是“饿了么”这个平台，更是整个送餐行业存在的一个较大的问题，有许多送餐人员为了送餐速度竟然出现闯红灯、超速、走人行道等违反交通规则的行为，从而发生了许多的交通事故，例如，在 2017 年 8 月 2 日上午 11 时，长沙芙蓉路竹塘路口的西北角发生了一起面包车与外卖电动车相撞的事故，事故原因是因为送外卖的电动车违规越双黄线撞上了路口右转行驶的面包车，面包车未减速。电动车驾驶员随即被甩飞，滚落于面包车正前方，右手被碾压于车轮底下。经交警和周围群众的合力救援，将车辆抬起，电动车驾驶员顺利被送医救治。这样的事故我们经常都会听到，但是却一直都没有解决相关问题，那么如何去解决这一问题呢？应控制送餐人员送餐车的速度，另外，国家现在送餐行业如此发达，完全可以把公路的两边各留一部分给各送餐人员专用，设为单行道，且不需要等红绿灯，在有红绿灯的地方单独设置一条小道绕过，为什么要避开红绿灯呢？这就是我们接下来要谈的问题，解决送餐时间的问题。

6.2.3 对于“饿了么”打折优惠方面的建议

在整个调查结果中不难看出，价格导向尤为明显，有本文中的调查可知，消费者普遍看中“饿了么”中的优惠券和优惠套餐，建议公司在资金允许的情况下适当增加优惠幅度，使其最大让利消费者，适当做一些打折的优惠活动扩大宣传，从而吸引消费者眼球；价格战是留住消费者的主要方法，目前网上订餐市场的价格战竞争非常激烈，因为绝大部分消费者会因价格优惠幅度不同而更换订餐软件，“饿了么”要想在网上订餐行业占领更多市场，一定要给予消费者更多优惠，让他们觉得“饿了么”是最值得使用的订餐软件。

6.2.4 关于“饿了么”平台上餐饮质量的建议

经过本次调查，可以很清楚地看到，虽然有许多顾客使用“饿了么”的原因偏向于它的优惠活动，特别是新注册的用户能得到多种优惠，有的在使用完第一次后就不再使用了，因为觉得其他没有什么值得使用的地方。这说明“饿了么”着眼点不能只放在优惠方面，而更多地放在其他方面，比如使商家道德透明化，增加宣传力度等，可以设立质量监督机制对每个商家提供的饮食进行检查，设立调查机制，对商家的食材进行调查，检查食材是否新鲜干净等。因为这些都是顾客最关注的问题，不可马虎。市场上可以推出一种工具，并推广到消费者手中，这种工具能识别外卖的状况，即食材的新鲜状况。同时送外卖的时候留下检举电话，一旦顾客发现状况便可直接拨打电话举报相应的商家，使其遭到抵制，肃清市场，久而久之，风气自然一新。

6.2.5　关于"饿了么"宣传力度的建议

对于市场占有率问题，"饿了么"当下面临的形式较为严峻，因为只有大多数年轻人知道它的存在，在年龄稍大一点的人群中很多人都没听说过它的名字或者不知道它是用来干什么的，对此，应提高宣传力度。而调查显示，在 20～40 岁年龄段中使用"饿了么"来订餐的相对较多，这其中，学生数量又占据多数，所以，下一步的发展应主抓学校这块市场，通过价格优惠等条件大力宣传，让"饿了么"覆盖的面更广，使用的人更多，从而提升市场占有率。

6.2.6　关于点外卖与懒惰行为关系的建议

关于调查使用互联网点外卖是不是懒惰的行为得到的结果是差不多一半的人认为这是懒惰的行为，一半则认为不是。为什么一半的人会认为使用互联网点餐是一种懒惰行为呢？那是因为随着人们生活水平的提高，人们的生活越过越好，也变得越来越懒，连出门吃饭都不愿动，所以就会选择点外卖，这种现象尤其是在大学生身上特别显著，甚至有部分大学生在周末可以做到两天不出门，她们每天的吃饭问题就靠着点外卖。那为什么有一部分人认为点外卖不是一种懒惰行为呢？因为现代的生活节奏越来越快，人们的工作也越来越忙，有很多时候都来不及吃饭，因此会选择点外卖，因为这种方式不仅省时还不会挨饿，当然也有部分人点外卖是因为天气原因，当天气特别寒冷或者下大雨的时候，不方便出门便会选择点外卖。另外，还有一个重要的原因就是现在点外卖会有很多的优惠吸引着人们，比如推出优惠套餐、领红包、满减等各种各样的优惠活动。其实，总的来说，点外卖不算一种懒惰行为，现在这个时代是一个互联网时代，总是与我们的生活息息相关，应用互联网点餐是把互联网应用于我们的生活。只要在保证食物健康的情况下，还能给我们带来许多的方便，例如，省时省钱，还能体现出我国的互联网技术的发展，我们又何乐而不为呢。

参考文献

[1] 谢希仁．快餐网络［M］．北京：电子工业出版社，2002.
[2] 罗超理，李万红．管理信息系统原理与应用［M］．北京：清华大学出版社，2004.
[3] 杨铭铎．餐饮概论［M］．北京：科学出版社，2008.
[4] 杨为民．基于 Web 的信息服务系统［J］．计算机技术与发展，2007（9）．

[5] 罗伯特 . C. 刘易斯，理查德 . E. 钱伯斯 . 饭店业营销领导原理与实践 [M] . 徐宏主译 . 大连：东北财经大学出版社，2007.
[6] 谭浩强 . 网页制作技术 [M] . 北京：人民邮电出版社，2002.
[7] 王映雪 . HTML 网页制作 [M] . 北京：清华大学出版社，1998.
[8] 张凤琴 . 数据库管理原理及应用 [M] . 北京：清华大学出版社，2005.
[9] 黄明 . ASP 信息系统设计与开发实例 [M] . 北京：机械工业出版社，2004：15~18.
[10] 周立，王晓红 . 网页设计与制作 [M] . 北京：清华大学出版社，2004.
[11] 来宾，林盛雄 . ASP. NET 后台数据库网站制作实例经典 [M] . 北京：冶金工业出版社，2004.

沈阳市五爱市场发展情况的调查与分析

孙静怡　任竹轩　李炳东　张 洲 王香玉

摘要：在“互联网思维”当道的今天，传统企业向电商的转型早已势在必行。五爱市场是沈阳的一张名片，如今这个东北最大的综合性大型商贸物流集散中心和流转型轻工产品交易中心也开通了网上商城“五爱购”，实现了从马路市场到现代商城再到网络电商的三次跨越。

五爱市场位于辽宁省沈阳市沈河区，始建于 1983 年 6 月，因原市场曾地处沈阳市沈河区五爱街而得名。五爱市场周边有风雨坛街、热闹路。2008 年市场成交额约 300 亿元，随着购物旅游的兴起五爱市场在旅游业中的地位日益突出。但电商行业的兴起对五爱市场造成了巨大的冲击，目前 O2O 和 B2B 模式下的商业环境，使其不得不借助新时代新工具来发展营销。在五爱市场繁华时期，管理层没有意识到电商的冲击与市场外扩的重要性，仅仅看到眼前的利益，让五爱市场在功劳簿上慢慢死去。现如今，五爱市场开始转型，一方面不断扩充市场，用雄厚的资金支持产业发展，集中营销；另一方面借助电商，将商品线上、线下结合，同时发展物流，全新的五爱市场也将随之迎来更多的游客团队和消费群体，一条“以商带游，以游促商”的宏伟大道正引领五爱人走向全新发展。

本文在深入沈阳市五爱市场实地调研的基础上，分析了沈阳市五爱市场发展的现状，并提出了加快推进沈阳市五爱市场发展的若干建议。

团队通过向沈阳市五爱市场商户发放调查问卷，并现场访问获取基础资料，共有 314 人作答，有效问卷 303 份，单项选择结果所占的总比例之和为 100%，多项选择题总比例之和一般都超过了 100%。对书面问卷进行整理，运用观察法、综合指标法、统计推断法及相关公式等统计学方法对数据进行整理分析，制作柱状图、饼状图等。

调查报告由 3 部分构成：（1）沈阳市五爱市场电商发展的概述包括五爱市场电商发展规模、商品品质、发展效果等；（2）针对调查问卷对沈阳市五爱市场电商发展的社会效益调查分析，包括反映政府政策的指标、反映电商规模的指标、反映电商用户需求的指标等；（3）沈阳市五爱市场电商发展挑战，包括中小五爱企业及制造业企业转型孵化挑战、跨境电商发展挑战、五爱信息统计挑战等以及相应的对策意见。

1　引言

在“互联网思维”当道的今天，传统企业向电商的转型早已势在必行。五爱市场是沈阳的一张名片，如今这个东北最大的综合性大型商贸物流集散中心和流转型轻工产品交易中心也开通了网上商城“五爱购”，实现了从马路市场到现代商城再到网络电商的三次跨越。

五爱市场是沈阳乃至东北的一张名片，经历 30 年的发展，它的品类和市场规模已经非常大，五爱市场也感受到了网络的发展对于传统市场的冲击。从 2011 年开始，五爱集团就着手建设网络商城，目前建立的品牌就叫作“五爱购”。它以传统市场为基础，深度发展以前的传统客户并扩展周边外围客户。

团队通过向沈阳市五爱市场商户发放调查问卷，并现场访问答题获取基础资料，共收到 314 份作答的调查问卷，有效问卷 303 份，单项选择结果所占的总比例之和为 100%，多项选择题总比例之和一般都超过了 100%。

问卷内容具体可分为反映政府政策的指标、反映五爱市场电商规模的指标、反映五爱市场电商用户需求的指标等 3 个大方面，对每一项结果都进行了分析性总结。发现五爱市场网上商场的社会效益促进了沈阳市经济信息化的发展，有利于促进五爱市场产业结构调整，盘活五爱市场，给五爱市场的发展带来新动力。实现五爱市场运营模式的全面协调可持续发展，也给市民带来了更加快捷的购物消费方式，有利于提高居民幸福指数。

同时，还应该看到，沈阳市五爱市场电商发展过程中需要克服许多问题，包括：（1）信息基础设施的建设赶不上五爱市场发展的需求，物流体系建立不够完善；（2）金融支付与资金渠道方面，物流资金和仓储资金匮乏，缺乏资金池的积累，五爱市场现在正与农行一起开发第三方支付平台，希望做到资金池的积累，未来通过金融产品来回馈商户，预计在今年年底或明年年初申请第三方支付牌照；（3）人才方面，对于沈阳来讲，尤其在互联网领域的人才匮乏现象还是比较明显的；（4）物流配送问题，五爱市场电商平台的交易达成之后，如何将商品快速、准确、安全地送到消费者手中也是五爱人员和消费者关注的问题。

2 沈阳市五爱市场电商发展现状的一般分析

2.1 沈阳市五爱市场电商发展规模分析

五爱市场是沈阳乃至东北的一张名片，经历 30 年的发展，它的品类和市场规模已经非常大，五爱市场也感受到了网络的发展对于传统市场的冲击。从 2011 年开始，五爱集团就着手建设五爱市场的网络商城，目前五爱市场建立的主打品牌叫作“五爱购”。它以传统市场为基础，深度发展以前的传统客户并扩展周边外围客户，对于传统市场和现在纯电商平台来讲，最大的区别在于 O2O 方面。传统市场从线下的“O”向线上的“O”发展，而现在的大型五爱电商平台从线上的“O”往线下的“O”走。

近几年，五爱市场的发展，包括人流、交易量，虽然还保持在一个平稳的阶段，但是冲击的影响已经很大，比如说客流量逐渐在降低。对于降低的理由五爱市场也做了分析：（1）其他电商平台分流了一部分；（2）有些客户通过网络流失，不再参与市场。另外，现在市场的品类和经营内容有一些是标准化的，比如服装、鞋帽、小百类，这些就非常适合电商的环境，所以像阿里、京东这几大平台对其冲击是很大的。五爱市场着手电商平台，一是为了保全市场存在，二是在传统市场摸索出一条电商的渠道，双轨并行，共同运营。这也是“五爱购”的最终目标。

图 1 数据显示，2016 年和 2017 年五爱市场移动购物市场占网络零售市场的比例仍然继续增加，比例分别是 66. 2%和 70. 6%。2017 年“五爱购”的诞生为五爱市场移动端电商交易市场注入新的活力，使五爱市场具有巨大的发展潜力。

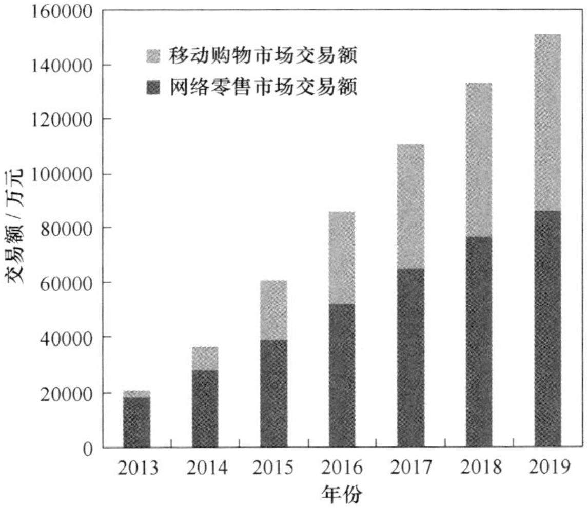

图 1　沈阳市五爱市场移动购物市场交易对比图

2. 2　沈阳市五爱品质分析

2. 2. 1　构成分析

由图 2 可知，2016 年沈阳市全年社会消费品零售总额为 85. 9 亿元，比上年增长 2. 5%，其中限额以上单位实现网上商品零售额为 1. 41 亿元，增长 40. 7%。

由图 3 可知，2017 年五爱市场全年社会消费品零售总额为 89. 8 亿元，比上年增长 0. 1%，其中限额以上单位实现网上商品零售额为 1. 96 亿元，增长 37 4%。

由图 4 可知，2018 年上半年，沈阳市社会消费品零售总额为 94. 7 亿元，同比增长 9. 6%，增幅比第一季度提高 2. 4 个百分点，其中沈阳市 2018 年上半年电

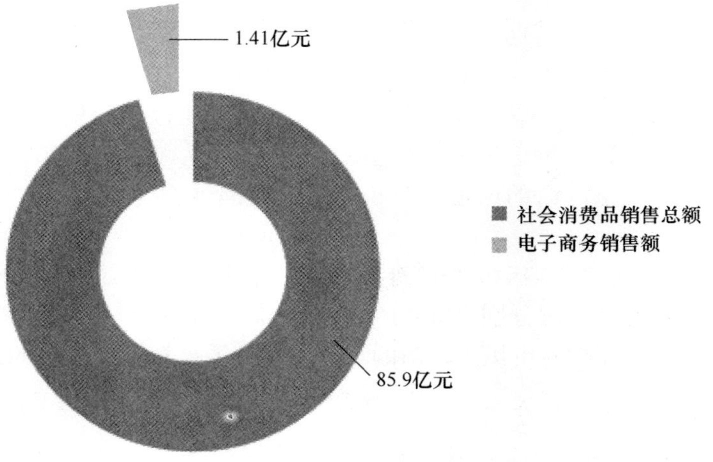

图 2　五爱市场 2016 年电子商务份额

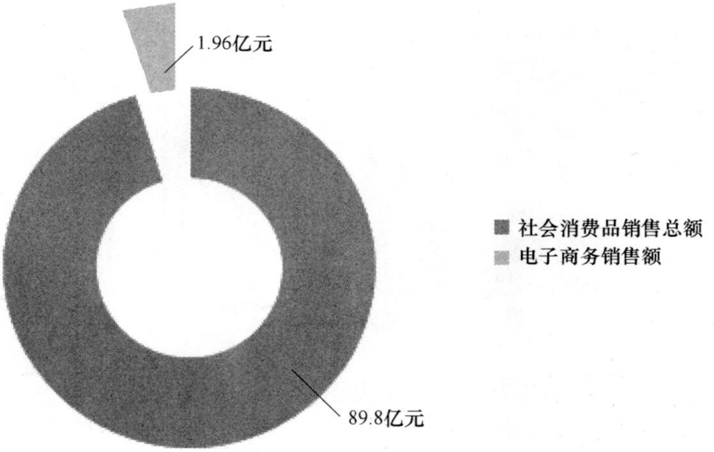

图 3　五爱市场 2017 年电子商务份额

子商务份额为 23. 2 亿元。

2. 2. 2　趋势分析

从 2013 年 12 月 20 日上线截至目前大概半年的时间，据统计数据，目前入驻平台的商户数是 2563 家，平台的总交易额是 77 亿元。总交易额分成两部分，一部分是纯线上交易的，大概 17 亿元，其他的是从线上走的订单但在线下支付的，大概占 7 亿元。今年整个平台的交易额的目标是 10 亿元，包括线上及线下。另外现在平均访问量大概每天 3. 5 万元。

自从“五爱购”平台上线以来，平台主要着力完善平台信息、物流、金融

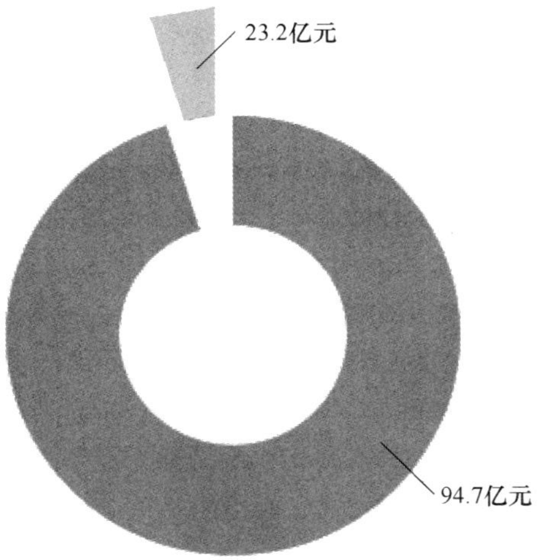

图 4　五爱市场 2018 年上半年电子商务份额

及人才培养。首先从平台信息化方面来讲，截至目前，运营的团队达到六十多人，整体团队为一百一十多人，大部分人员主要负责平台运营和线上的推广。另外市场部，即销售部门，在线下的推广力度也是非常大的。其次是物流方面，“五爱购”现在与中铁集团合作，正准备建设“五爱购”仓储中心。仓储中心会采用一个新型的模式，五爱市场本身终有市场，进入五爱市场后再批发到下游。而现在的情况是，所有的货都在五爱市场周边的民宅存放，所以五爱市场的周边民宅就是它的仓库，这也就造成了五爱街成为沈阳市交通最拥堵的区域。现在“五爱购”与中铁集团于二环附近准备建筑 3.5 万平的仓储基地，未来“五爱购”商户不需要看到货物，而是从上游进的货直接进入仓储基地，再从二环发至下游。另外一个需求在于，五爱市场 70%为批发业务，30%为零售业务，在零售业务中，有一些需要货物进入当口，只要有需要，通过手机操作，二十分钟即可送到当口。这样既能为商户解决物流资金和仓储资金的问题，又能解决信息化的问题。

2.3　沈阳市电子商务发展效果分析

基于阿里巴巴集团旗下阿里研究院相关数据对沈阳市电子商务发展水平进行分析，其统计指标模型如公式所示：

电子商务发展指数

=网商指数×0.5+网购指数×0.5

=(网商密度指数×0.6+网络交易水平指数×0.4)×0.5+

(网购密度指数×0.6+网络消费指数×0.4)×0.5。

阿里研究院统计数据显示，2018 年沈阳市在我国 52 个电商示范城市中电商发展指数位于 33 位，其中，网商指数位于 31 位，网购指数位于 36 位；电商服务指数位于 31 位。从统计得到的示范城市电商发展指数排名发现，沈阳处于示范城市的中下段，离均值约 2.5 个指数点的差距。但是不能乐观地认为沈阳市电商发展水平还行，从数据上来看它与处于首位的深圳的网商指数值 26.9 相比的差距接近 3.6 倍，即沈阳市与我国电商发展前沿城市的电商水平差距有三四倍，这说明了沈阳市在电商领域还有很大的发展空间，具体的统计结果如图 5 所示。

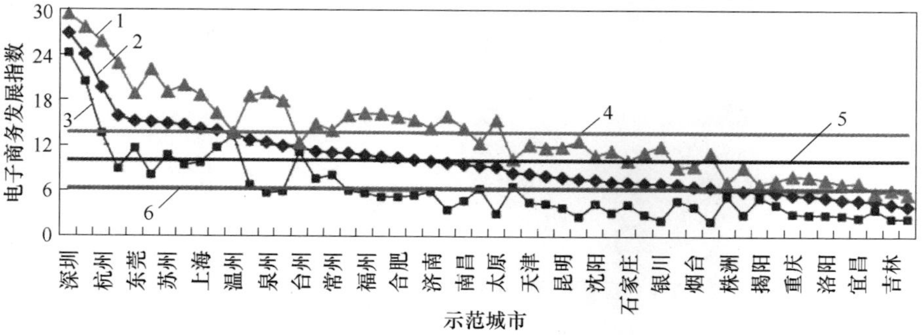

图 5　沈阳市在全国示范城市中电子商务发展指数排名折线图

1—网购指数；2—发展指数；3—网商指数；4—网购指数均值；

5—发展指数均值；6—网商指数均值

从网商指数这一指标来分析，网商指标位于平均水平之下，且位于全国示范城市排名后三分之一段。这两个信号显示沈阳网商指数处于较低水平。根据统计指标结构成分，沈阳网商指数的较低水平代表了沈阳市电子商务企业数量不足、企业质量与规模不足、电子商务企业密度不够、电子商务企业集群化水平较低。

从网购指数这一指标来分析，同样有沈阳市网购指数在平均水平线下方，且沈阳市指数得分排名在全国示范城市中的后四分之一。根据统计指标结构成分，网购指数反映出沈阳市民的电子商务意识、网络消费水平以及电子商务市场潜力较为落后。

分析网商指数与网购指数两个指数得分结果，从沈阳市自身来看可以发现沈阳市网购指数与前沿城市差距约 3 倍；而网商指数与前沿城市差距约 6 倍。这一对比可以看出沈阳市就目前来看除去这两个方面各自仍有很大的发展空间外，现阶段存在着居民网购能力远大于城市网商能力，也就是说市场需求大于市场供给，所以在后续的沈阳市电子商务发展中除了提高市民网购意识，更应当加强电子商务企业建设，提升整个城市电子商务发展水平。

3　沈阳市五爱市场社会效益的调查分析

调查工作通过微博、微信、QQ 等发布了共由 23 个经过精细化选择的调查问卷，共收到 314 人作答，单项选择结果所占的总比例之和为 100%，多项选择题总比例之和一般都超过了 100%。具体可分为反映政府政策的指标、反映电商规模的指标、反映电商发展用户需求的指标等三个方面，每一项对结果都进行了分析性总结。

3.1　反映政府政策的指标

自 2011 年建设“五爱购”，政府主管部门包括沈阳相关领导汇报方案，政府给予大力支持。另一个方面，从本地产业和商贸流通的领域来讲，也需要五爱市场转型去做电子商务。

从 2013 年 12 月 20 日上线截至目前大概半年的时间，据统计的数据，目前入驻平台的商户数是 2563 家，平台的总交易额是 77 亿元。这里分成两部分，一部分是纯线上交易的，大概 17 亿元，其他的是从线上走的订单但在线下支付的，大概占据 7 亿元。今年整个平台的交易额的目标是 10 亿元，包括线上及线下。另外现在平均访问量大概每天 3.5 万人次。

2016 年网络经济营收中，五爱市场电商营收规模为 46.2 亿元，占比超过 70%，这是推动五爱市场收益增长的主要力量。

“五爱购”现在是沈阳地区最大的批发交易平台，在近三年中，平台加上实体，占据东北轻工类商贸批发份额的 50%~60%。从 O2O 角度讲，主要有以下几个方面。

（1）网上的五爱街。

（2）每个当铺的 360 度全景图，就像置身于当口的中间一样能够看见挂在墙上的所有商品。

（3）体验店，现在两个“五爱购”的体验店都已经开了，里面包含五爱市场所有的货。“五爱购”不仅在五爱市场做，在下游所有市场也要做。

（4）目前最重要的方面，五爱市场正在和东北所有零售市场展开合作。每一个零售市场的业态是面向终端消费者的零售，帮助他们解决进货的需求。

在走访的五爱市场 82 家零售市场中，有 67 家对如今的转型表示非常满意。未来东北三省的所有零售市场都会看到“五爱购”的体验店，这意味着若要从五爱街进货，就在五爱市场当地的位置活动即可。

3.2　反映电商规模的指标

从电商子行业规模与渗透率、主要 App 渗透率、主要 App 用户留存率多个方面综合分析电商行业的情况。从 2011 年至 2013 年，由于平台尚未上线，五爱市场流失的客户群占 20%左右。其中，有些被网络购物分流了，有些被其他市场分流，包括东北亚，尤其俄罗斯远东地区。从前五爱市场是其最大货源地，然而现在由于哈尔滨跨境电商做得也非常好，导致这一部分被截流。“五爱购”上线半年以来，有一部分客户群又回到了传统的五爱市场，这也是对五爱实体市场的一个补充和提升。

由图 6~图 8 可知，移动购物行业用户规模近 8 亿人，移动购物行业用户规模和安装渗透率在过去一年内快速增长，用户规模增长 2 亿人至 7.83 亿人，渗透率增长超过 10 个百分点。

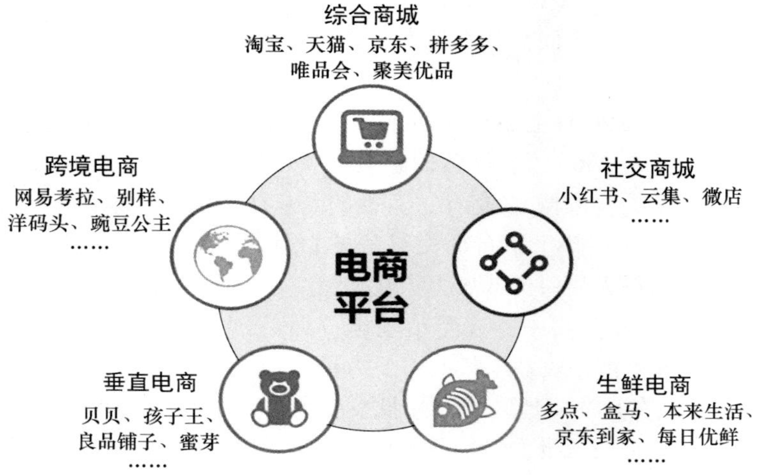

图 6　电商行业种类

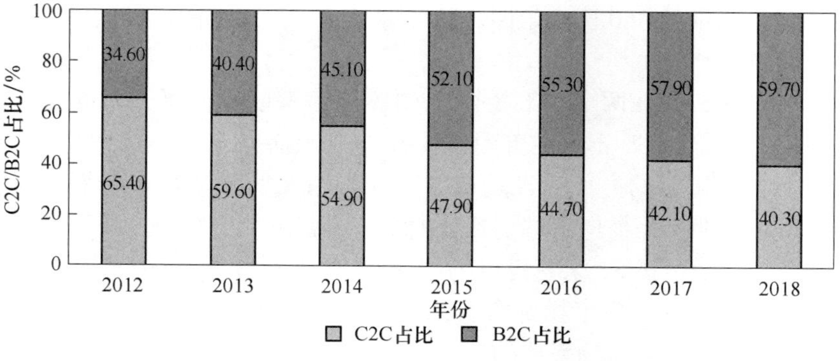

图 7　2012~2018 年中国网购市场交易规模结构

最新数据显示，2018 年中国移动购物市场交易规模超 3 万亿元，同比增长 58.3%，依旧保持较高速增长。未来几年，中国移动网购仍保持稳定增长。移动端随时随地、碎片化、高互动等特征使购物受时间、空间限制更小，消费行为变得分散，随着移动购物模式的多样化，社交电商、直播、VR、O2O 等与场景相关的购物方式和大数据的应用将成为驱动移动购物发展的增长点。

综合商城规模庞大，其他电商子行业规模小但发展迅速。综合商城渗透率过

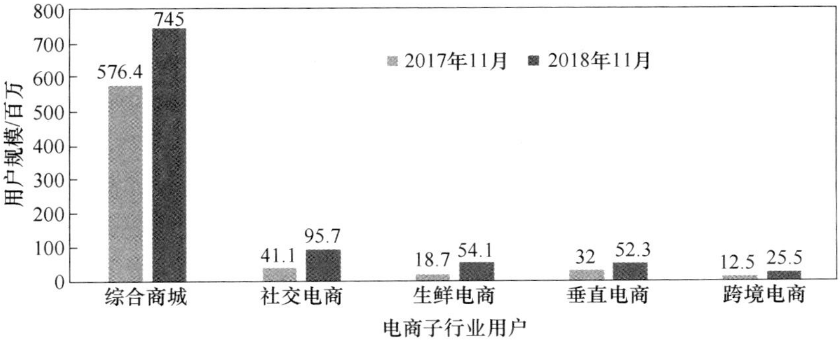

图 8　电商子行业用户规模

去一年增长近 9 个百分点，达 67.7%，用户规模达到 7.45 亿人，是电商行业中发展最早、规模最大的子行业。

其他电商子行业在过去一年迅速发展，社交电商渗透率和用户规模增长一倍，生鲜电商的用户规模甚至增长两倍。

由图 9 可知，手机淘宝的渗透率最高，小红书增速最快。手机淘宝渗透率达 52.5%，拼多多渗透率为 27.4%，京东渗透率为 23.9%。多数电商 App 的渗透率在过去一年内都有所增长，其中小红书同比增速最高，增长达两倍，拼多多也取得较大增幅，增长 68.5%。

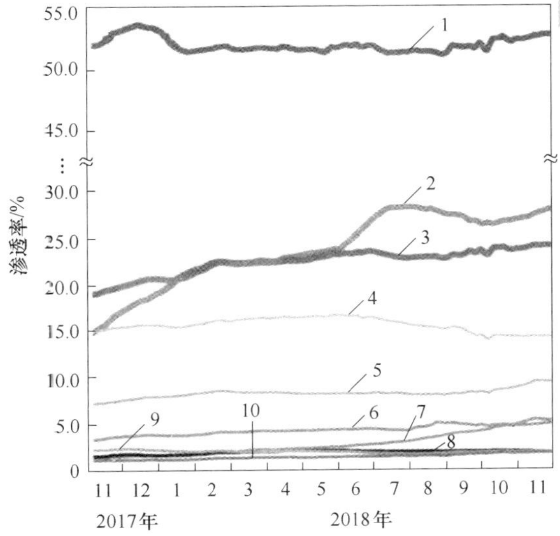

编号	11月平均渗透率/%	同比增幅	电商App
1	52.5	−0.1%	手机淘宝
2	27.4	+68.5%	拼多多
3	23.9	+22.6%	京东
4	14.3	−6.5%	唯品会
5	9.3	+24.7%	天猫
6	5.2	+45.9%	苏宁易购
7	4.8	+208.1%	小红书
8	1.9	+11.8%	聚美优品
9	1.9	−20.5%	蘑菇街
10	1.8	+50.8%	当当

数据来源：极光大数据。　取数周期：2017.11～2018.11。

注：渗透率＝安装某App的设备数/市场总设备数；同比增幅指今年11月与去年11月的平均渗透率的增长率。

图 9　电商主要 App 渗透率

由图10可知，电商主要App新增用户7天留存率均在六七成左右，其中拼多多最高，为77.3%，蘑菇街和天猫次之，分别为75.2%和75%。

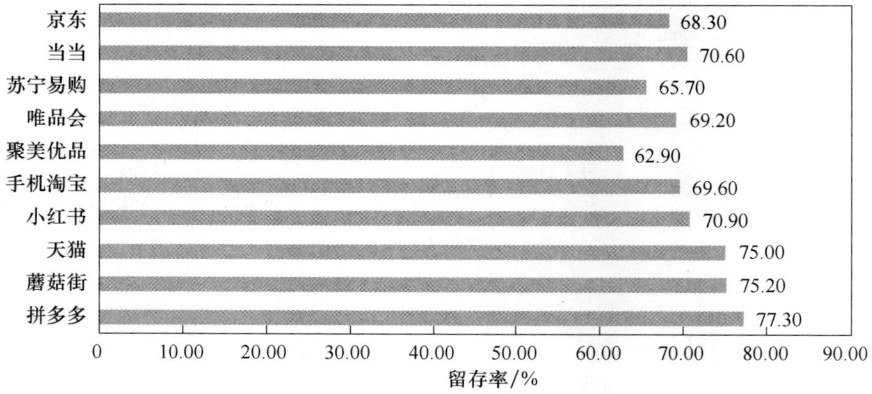

图10　主要App新增用户7天留存率

电子商务的氛围和业主思想观念的转变确实很困难，但从那之后，政府、社会的大环境、业主甚至五爱市场自身在观念上都有很大地转变。整个大环境已经不需要五爱市场去培育，业主已经亲身感受到人流的减少，这可能是因为身边的人正在做电商，也可能缘于客户在问能否在网上下单，靠着这些冲击，业主完成自身观念的转变。其次，五爱市场在去年和今年都做了大量培训使电子商务得以重视。五爱市场有句很直白的话，叫作“你不做电商，必死无疑”，意思是说做了电商可能有机会然而也不保证能成功，但不做电商肯定无法生存。还有一部分是最初进入平台的商户，通过平台运作，得到了实惠。线下与客户苦口婆心地商谈半个小时才能成交的生意，在线上可能只耗费几分钟，同时又省去发货、收款以及调货的程序。这促使一些商户从内心里已经接受电子商务了，还可能带动身边人进入电商，因此五爱市场小环境中电商的氛围在逐渐转好。要是去年问这个问题，可能还差很远，但今年大有不同。再有就是政府和社会化环境的作用，今年各级政府对“五爱购”做过多次调研与会谈，五爱市场也将自己的想法和经验和政府相关机构作了多次汇报。国家和政府各级领导对服务业转型方面非常重视，比如准备建五爱产业园，再比如今年五爱市场成功申办了五爱示范城市，以及五爱产业基地、五爱协会等，这些都给社会大环境带来了正向引导。所以现在的社会氛围已经朝着正确的方向前进，无非是速度快慢的问题。

3.3　电商发展用户需求的指标

“五爱购”平台上线以来，团队在平台信息方面、物流方面、金融方面以及人才培养方面都下了很大功夫。

（1）平台信息化方面，截至目前，运营的团队达到六十多人，整体团队为一百一十多人，大部分人员主要负责平台运营和线上的推广。另外市场部即销售部门，在线下的推广力度也非常大。

（2）物流方面，五爱方面现在与中铁集团合作，正在准备建设“五爱购”仓储中心。仓储中心会采用一个新型的模式，五爱市场本身是终有市场，也就是说它的货大多来自产地，进入五爱市场后再批发到下游。而现在的情况是，所有的货都在五爱市场周边的民宅存放，所以五爱市场的周边民宅就是它的仓库，这也就造成了五爱街成为沈阳市交通最拥堵的区域。现在五爱方面与中铁集团于二环附近准备建筑3.5万平米的仓储基地，未来五爱市场的商户不需要看到货物，从上游进的货直接进入仓储基地，再从二环发至下游。另外一个需求，五爱市场70%为批发业务，30%为零售业务。在零售业务中，有一些需要货物进入档口，所以五爱市场做了一个20分钟的配送班车，只要有需要，通过手机操作，20分钟送到档口，解决了后顾之忧。今年10月份会有1000多平米的仓储试验库上线，到明年中期，大概有3.5万平米投入使用。届时，既能为商户解决物流资金和仓储资金的问题，又能解决信息化的问题，也就是说虽然它是传统仓储，但五爱市场建设的是现代化的物流理念。

（3）金融支付与资金渠道方面，五爱方面现在正与农行一起开发第三方支付平台，希望做到资金池的积累，未来通过金融产品来回馈商户，五爱方面准备在今年年底或明年年初申请第三方支付牌照。

（4）人才方面，对于沈阳来讲，尤其互联网领域的人才匮乏现象还是比较明显的。但是近两年来，有一些原来在沈阳，后来走出去从事互联网的人才再返回沈阳的现象，解决了一部分人才匮乏的问题。另外五爱方面在自身人才培养上也做了很多努力，五爱方面正与沈阳各大高校筹划五爱大赛，今年从沈阳大学开始，已从16支团队里选拔出5支，目前正处于决赛阶段。五爱方面的方法是不仅有理论，更要有实践。五爱方面配备老师指导这些学生在“五爱购”或淘宝上开店卖货，旨在培养一批有实战能力的五爱人才。在这些人才中五爱方面择优录取，同时另外一部分也会分配给五爱方面两万多的商户，去做五爱购、淘宝、京东。五爱方面从人才的领域上发展两个渠道，既要去外面找人才同时又自己培养人才。

3.3.1　电商用户占比分析

根据调查显示，电商更受男性用户关注，同时电商女性用户相比男性用户占比更高，主要原因是电商前期主要以生活类为主，而女性网民在这儿的行为表现相当活跃，“用完即走”的生活服务方式，提升了电商的女性参与度（见图 11 和图 12）。

如图 13 所示，目前小电商的核心用户 40%以上集中 20 到 39 岁之间，发达地区年轻人为主流，附加值高，年轻人对新服务的尝鲜欲望和接受能力，使得小程序相比微信用户而言更加偏年轻化。

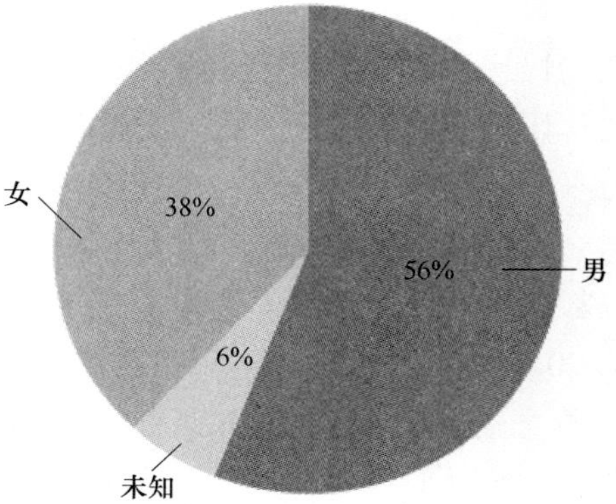

图 11　五爱市场电商用户关注度性别占比

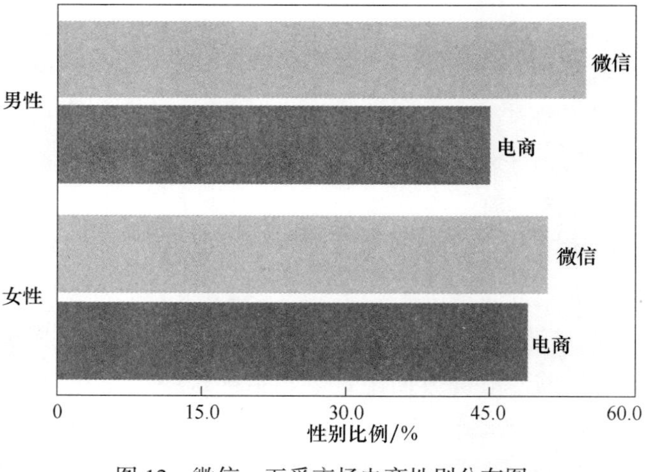

图 12　微信、五爱市场电商性别分布图

3.3.2　用户所能接受电商产品价格分析

由图 14 可知，用户下单区间主要分布在 50 元左右，位于一个比较能够被众多消费者所能接受尝鲜的范围，电商高付费人群意愿也比较高，超过电商用户付费意愿，在现有付费情况中，电商付费能力更强，综上所述，带有更高付费意愿

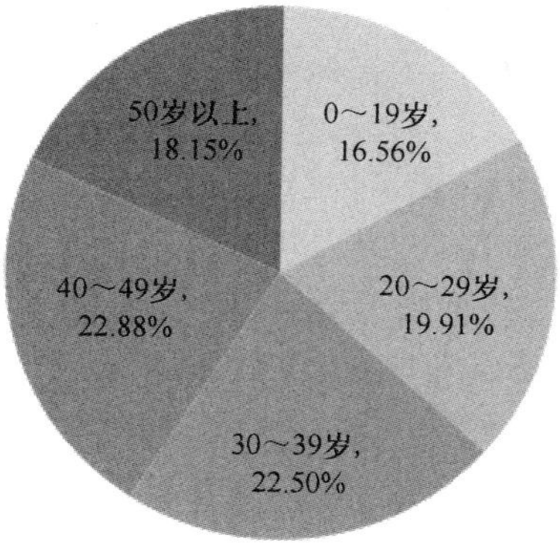

图 13　微信五爱市场电商年龄分布图

及能力的电商用户是一群拥有高附加值的移动互联网核心消费人群。

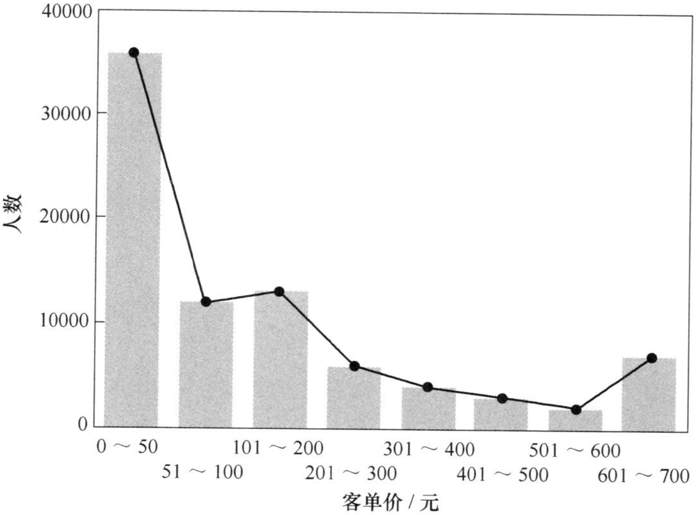

图 14　五爱市场电商发展用户价格分析

4　五爱市场电商发展挑战

4.1　五爱市场及制造业企业转型孵化挑战

沈阳市浑南区经过长期不断努力发展，成功申请建设国家五爱示范基地，为沈阳五爱企业提供了一个集聚发展得非常优越的环境。然而这几年五爱企业的快速发展特别是中小五爱企业、制造业转型企业以及创新型五爱企业的出现给沈阳市五爱市场带来了前所未有的挑战，零散于沈阳各地的五爱企业导致整个城市五爱企业管理非常困难，工业转型企业缺乏转型与成长所需要的基础设施和环境。

所以在五爱产业孵化工程上沈阳市依旧面临着重大挑战，未来应当建设为发展本地中小五爱企业及传统制造业转型企业为主的全五爱产业孵化基地。

4.2 跨境五爱发展挑战

近年来，跨境五爱逐渐成为五爱市场拓展与五爱升级发展的新型五爱模式，然而沈阳在跟随电商发展步伐发展跨境五爱方面存在着巨大挑战，要跨出这一步还需很长的一段路程。沈阳市发展跨境五爱面临的挑战有缺乏跨境电商法律体系，没有统一的信用评价和标识系统，在线支付安全建设不完善，跨境物流服务体系匮乏，跨境五爱人才缺乏等。

4.3 五爱信息统计挑战

通过调研发现，目前沈阳市五爱发展系统研究缺乏准确的数据支撑，统计发布制度不完善，研究只是局限于根据沈阳五爱发展现状进行一个主观的概况，不能够定量地获悉某一阶段区域五爱发展状况，当然也无法从数据的角度准确预测沈阳市区域五爱未来的发展状况。因此应该要研究制定沈阳市五爱统计指标体系，明确相关标准和规范，逐步建立五爱统计制度，将五爱统计纳入经济统计体系。完善五爱企业名录库，将沈阳市限额以上五爱企业纳入统计范围。完善信息发布机制，定期发布沈阳市五爱发展报告，为五爱宏观管理和政府科学决策提供依据。

4.4 对策建议

4.4.1 完善五爱基础设施和环境建设

快速变迁的信息时代导致五爱发展设施加速淘汰，因此在沈阳市五爱发展建设当中，不可忽视的一点必然是不断完善基础设施和环境建设。根据信息技术水平的发展要求，完善网络基础设施建设，在沈阳市车站、商场、地铁、高校、景点等场所实现网络热点免费全覆盖；完善物流配送体系，将物流配送触角延伸到乡镇等地区，实现城乡物流末端配送服务无死角；完善电商信用体系建设，进行全民信用意识普及教育，完善法律法规，提高政府信息披露力度，实施信用奖惩制度。

4.4.2 兴建五爱孵化基地

沈阳市应该继续打造类似浑南电商基地的高水平的五爱集聚区，促进沈阳新城经济技术开发区、苏家屯、金融商贸等地区形成集聚发展和示范带动效应。浑南产业园、中街商业圈、沈北新区科技园以及沈阳周边地区要发挥其良好的商业配套优势，积极带动五爱信息、人才、配套、物流等方面的发展，进而形成点面结合的五爱集中地或集聚区。中小微企业在五爱发展中已经形成一个强大的群体，沈阳发展五爱，必须加强对中小微企业的发展建设，为促进全市中小微五爱企业进入快速发展状态，应当兴建五爱孵化基地，积极响应“互联网+”的时代需求，建设基地软硬件设施，实现孵化基地水电、宽带、物流、支付、餐饮、交通等基础设施完备性，积极打造生态发展形态的五爱孵化基地，实现全市中小微型企业发展与传统制造企业转型升级。

4.4.3　加强跨境五爱建设

跨境五爱作为五爱发展的一种国际性市场扩张形态，已经成为五爱企业获取利益的新渠道，沈阳市应当紧跟市场发展需求，积极建设跨境五爱。应当促进跨境物流、跨境支付、海关等基础设施升级，完善跨境五爱税收制度，制定跨境五爱人才引进策略以及加强跨境五爱信用体系建设。

4.4.4　开展区域五爱直报平台建设

沈阳市五爱企业类型覆盖面会随着电商事业的不断发展而变得越发广泛，如何做好统计工作是沈阳市五爱相关信息统计的一个难题。建设沈阳市统计信息中心网上直报系统是解决沈阳市五爱统计数据上报的一个新思路，其主要功能是运用计算机强大的网络功能，实现统计单位直接上报统计数据到统计部门。

4.4.5　加大政府财政支持力度

为扶持沈阳市中小微型五爱企业发展以及传统企业“触电”转型，政府及地方政府应当充分发挥各种财政扶持政策的协调作用，积极实施财政税收减免政策、财政补贴政策、政府采购政策以及加强企业服务等。采用发行债券、设立专项基金、政府担保等方式解决五爱企业以及集群产业群发展融资难问题。

参考文献

[1] Paul Timmers. Business models for electronic markets [J]. Electronic Markets Journal, 1998, 8.

[2] 胡涵景. 五爱标准化总体框架研究 [J]. 电子技术应用, 2000.

[3] Lynda M Applegate. Overview of E-Business Models [M]. Harvard Business School, August, 2000.

[4] 亦贵影，王庆国. 山西旅游五爱竞争力提升研究 [J]. 经济问题, 2014.

[5] 吴凌娇，薛恒新. 区域五爱产业集群发展模式研究 [J]. 常州大学学报（社会科学版）, 2014.

[6] 吴先锋，谢蜀芳，卢华玲，等. 区域五爱产业集群形成动因分析 [J]. 现代商贸工业, 2014.

[7] 盛振中. 中国五爱示范城市发展指数报告（2014 年）[R]. 阿里研究院.

大学生关于微商发展状况的调查分析报告

姜安　李梅筠　陈兰　杨茜　王静

摘要：近年来，互联网发展迅速，其应用也愈发广泛，越来越多的人通过网络进行购物。时至今日，时代的新产物——微商应运而生，由于其操作容易、风险性低等优点，发展规模越来越大，已成为现如今“最火”的产业。作为一种新的销售方式，微商具有与传统商业和电商截然不同的销售模式和宣传方式，其更有操作性。因此，团队将问卷主题设为微商产业的发展前景。该问卷以不同年龄段，不同职业的群体为调查对象，对在微商购物的次数进行分析，了解他们对微商的真实态度，进一步推断出微商的未来发展态势，希望能够通过助微商的发展，进一步促进经济效益的提高。

本次调查时间范围2019年3月10日至3月16日，本次调查采取的方式主要是随机问卷调查。发放问卷是通过问卷星向社交软件群发放电子问卷，通过网站后台回收数据、分析数据。问卷从发放到停止共一周时间，回收时共326份答卷，经确认，调查数据全部真实有效。该问卷共涉及20道问题，内容包括对微商的态度、微商的发展优势、从事微商的人数等问题。设计调查问卷的过程中，既要保证问卷的完整性和结构性，又要考虑调查的可操作性，确保问卷具有较好的内容效度和结构效度。

获得调查数据后，利用软件后台处理系统，调查分析结果显示：（1）在校学生对微商的接触和了解程度高于其他职业；（2）大部分人对微商隐私保护的安全性持怀疑和不信任的态度；（3）绝大部分人都对微商有过了解；（4）在微商购买商品的次数较少；（5）多数人看到微商广告会浏览但并不会购买；（6）超过50%的人对微商未来发展状况持有乐观态度。

根据调查分析结果，我们也提出相应的对策建议：要加强对微商市场的监管，对相关第三方进行相应的调查，制造出合格的人民信得过的产品，在发展的同时，不断地改变自身的缺点，结合当下时代发展的特征，明确责任，迎接挑战，通过一系列的措施，发展壮大，从而带动微商市场的发展。突破朋友圈的熟人信用模式，引入第三方专业机构的评估和认证。在陌生人之间建立信任，增加更多合作机会。提高微商的广告宣传效果，扩大其影响力。对于微商本身而言，同样需要符合市场营销规律。对于想要通过微商渠道实现创业梦想的，对产品的属性、来源渠道、消费群体等都要做到了如指掌。

1　引言

随着互联网的发展，互联网引发的互联网经济已经成为一种新的经济态势，成为我国经济发展的主要形式之一。同时，网络经济具有全球化、全天候、虚拟性、创新性和边际收益递增等特征。为利于微商的发展，微商自 2012 年通过腾讯公司推出的一个为智能终端提供即时通信服务的免费应用程序——微信（We-Chat）开始运作起来，微信作为时下最热门的社交信息平台，也是移动端的一大入口，正在演变成为一大商业交易平台，其对营销行业带来的颠覆性变化开始显现。如今，这个行业正如星星之火一般在网络上交互燃烧开来。随着创业创新浪潮的不断兴起和网络社交媒体的蓬勃发展，电商逐渐取代实体营销成为人们购物的主要渠道。曾经不被媒体、消费者等社会各界看好的微商，经历了一番大风大浪之后，终于开启了“咸鱼翻身”的逆袭之路。它具有经营门槛低，稳定的客户端，经营风险低，信息流通速度快，范围广等优点，扩大了它的发展规模。它弥补了传统市场与电商市场的渠道费等高成本、短促人员高管理要求、投入成本回收慢等问题，不仅可以快速铺开销售渠道，还可以低成本迅速将广告铺开。因此，在辽宁省大学生市场与调查分析大赛中，我们团队选择微商发展状况这一主题，希望能在新经济模式下选择适合微商发展的最优战略。本次调查采取的方式主要是随机问卷调查。发放问卷是通过问卷星向社交软件群发放电子问卷，通过网站后台回收数据、分析数据。问卷从发放到停止共一周时间，回收时共 326 份答卷，经确认，调查数据全部真实有效。

2　微商发展时代背景

2.1　微商的含义

微商，就是基于移动互联网的空间，以社交软件为工具，以人为中心，社交为纽带的新商业模式。对一个“微商”来说，其身份更是“消费者+传播者+服务者+创业者”的综合，为市场注入新的血液。

微商是一种新兴的基于微信生态的社会化分销模式，是一种基于社会化媒体开店的新兴电商，是去中心化的电商形态。微商主要有两种模式：基于微信公众号的微商，即 B2C 微商；以及基于朋友圈开店的微商，即 C2C 微商。B2C 微商由货物供应者（包括厂商、供货商、品牌商）提供一个微信上搭建的统一移动商城直接面向消费者，负责产品的管理、发货与产品售后服务。而 C2C 微商是由微信个人端实现商品的社交分享、熟人推荐与朋友圈展示等。微商是个人化为单位的，以自己的朋友圈和社交圈为圆心向外辐射。与传统的电商相比，微商具有以下特点：（1）进入门槛低，成本低；（2）它是基于个人信用的信用经济，可信度更高，微经济已不再是传统的商品经济；（3）简化了管理，由于微商是以微信为媒介的销售模式，极大地节约了雇佣的人力成本，提高了效益。

2018 年 3 月 5 日，第十三届全国人大一次会议的《政府工作报告》再度聚焦消费新业态新模式，并提出推动网购、快递健康发展。值得一提的是，《政府工作报告》特别提及“加快新旧发展动能接续转换”，深入开展“互联网+”行动，实行包容审慎监管，推动大数据、云计算、物联网广泛应用，新兴产业蓬勃发展，传统产业深刻重塑。其实，微商对于每个普通人来说，都是一个巨大的机会。

2.2 微商的发展历程

关于微商的发展历程，可简单地把它分为 3 个阶段，分别是自媒体、自明星、自品牌。

（1）第 1 阶段：吸粉群发野蛮生长赚钱太容易。在这个阶段，它的一个特征就是野蛮生长，因为刚好利用了微博微信大爆发的时期。所以在这个时间段，特别是在朋友圈或者在微博里面很多人做奶粉代购、化妆品代购等。这就是野蛮生长时期，所以赚钱很容易。在这个时期主要的特点就是做一些工具属性的东西。当你的粉丝足够多的时候，你就有了做微商的资本。初期微商通过朋友圈发广告卖货，拥有智能机与微信号即可开展微商业务。微商们通过在朋友圈、QQ 空间、微博等网络社交平台对亲友、网友发布广告等形式推广商品。在此阶段，微商广告内容及形式通常不够专业而且相对比较粗糙。随着时间推移，微商广告逐渐呈现出专业性。伴随微商群体日益扩大，微商广告出现频次过于频繁，使受众视觉疲劳，很多达不到预期的推广效果。

（2）第 2 阶段：精细化运营追求影响力。第 2 个阶段的核心就是把自己打造成一个明星，在微商领域形成一定的影响力和号召力。另外一个比较有代表性的词就是意见领袖，这里的明星不是指特指影视明星或大明星。而是指的一些意见领袖或者是一个行业里的专家达人。当你成了明星，你就有发言权，你就有号召力和影响力。有这个号召力影响力，你就有信誉，你就要曝光度，你就有成交量。这是第 2 个阶段，主要特征就是已经脱离了低级的野蛮的生长阶段。这个时期，专业微商平台兴起。使用专业平台的优势在于：微商无须自行囤货，一件商品即可代发；微商无须自行制作广告，复制转发专业平台模板稍加改动即可成为定制广告。加之朋友圈营销月入百万的成功案例比比皆是，促使更多的人群加入微商行列，使得微商行业日益发展壮大。在此过程中，因供货渠道等区别，微商形成不同类型，即 1）商家或厂家；2）代理。

（3）第 3 阶段：微商的终极目标品牌微商。那再往后走就是自品牌，当然这个品牌分两种。一种是从微商进化来的品牌，另外就是从传统行业里面进入微商行业的品牌。这个阶段是微商的非常好的一个阶段，也可以说是微商发展的一个趋势。因此，微商应该抓住机遇，充分发掘自己的兴趣与特长，通过吸引力来打造微商的品牌效应。其次，要做好售后服务，保障消费者的权益，提高产品质量，增强品牌认可度。学会从传统商业模式汲取经验，扩大产业规模，实现线上线下合力共赢，打造微商发展新态势。最后，要保证自身产品的独特性及优势，才能在众多微商中脱颖而出，立于不败之地。

2.3　微商的发展现状

当前，微商的发展速度很快，在微信社交平台的支持下，可拓宽营销途径，并形成良好的发展模式，在新时期背景之下，有利于促进微信平台交易效益的提升，并形成科学化与现代化的发展模式。但是，在微商发展期间存在很多风险因素，缺乏法律法规与行政管理方式，导致微商行业出现参差不齐的现象，朋友圈刷屏的行为较多，如果不能合理地进行规范，甚至会导致微商与传销挂钩。一些微商在宣传的过程中，没有针对所发布的信息进行合理的研究与分析，缺乏信息的处理与协调方式，经常会出现夸大其词的现象，虚假的宣传产品，导致网民不愿意关注朋友圈，对微商的信任度逐渐降低，长此以往，会导致微商的经济发展受到影响，无法促进微商的良好发展与进步，难以使用科学化与合理化的方式完成当前任务。对于我国的微商而言，在实际发展期间应创建合理的工作模式与体系，在详细探索的情况下，及时发现微商发展中的法律法规问题，采取合理的措施解决问题，编制完善的计划方案，在各方面工作中使用合理的方式提升微商法律约束性与规范性，为其后续发展夯实基础。自媒体经济时代，通过社交媒体传播，省去平台流量推广费用，为中小卖家带来新机遇。低成本、高回报，吸引越来越多的卖家转战微商。对用户来说，省去了搜索和挑选的麻烦，通过值得信任的好友推荐，直接购买到想要的商品，成为一种新的购物体验。微商提供了更灵活的就业/创业的机会，不限时间，不限办公地点，创业初期成本较低，特别适合大学生和家庭妇女等人群。

3　调查过程

3.1　调查对象

本次调查主要采取随机问卷调查，通过问卷星向社交软件群发放电子问卷，通过网站后台回收数据、分析数据。问卷从发放到停止共一周时间，回收时共 326 份答卷，经确认，调查数据全部真实有效。所取样本的具体分布情况见表 1。

表 1　样本在各变量上的分布情况

变　量	类　别	人　数	百分数/%
性别	男	151	46. 3
	女	175	53. 7
年龄	18 周岁以下	43	13. 1
	18~30 周岁	165	50. 6
	31~50 周岁	82	25. 2
	50 周岁以上	36	11. 0
微商是否会得到长久发展	会	186	57. 06
	不会	140	42. 94
微商是否会促进经济效益的提高	会	222	68. 1
	不会	104	31. 9
对微商了解程度	听说过	54	16. 6
	了解一点	136	41. 7
	比较了解	82	25. 2
	非常了解	46	14. 1
	完全不了解	8	2. 5
在微商平台的消费次数	5 次以下	111	34
	6~10 次	69	21. 1
	11~20 次	44	13. 5
	更多	30	9. 2
	无	72	22. 09
工作状态	在校学生	164	50. 3
	在职人员	70	21. 47
	自由创业者	43	13. 19
	退休人员	11	3. 37
	无业	23	7. 06
	其他	15	4. 6
社交软件	微信	273	83. 7
	QQ	196	60. 1
	微博	129	39. 6
	其他	51	15. 6
	不常使用社交软件	12	3. 7

续表 1

变　量	类　别	人　数	百分数/%
使用社交软件时间	1h 以内	40	12.3
	1~3h	82	25.2
	3~5h	100	30.7
	5h 以上	99	30.4
	基本不用	5	1.5

3.2　调查问卷设计

本报告调查问卷共包括 20 道问题，包括被调查者的年龄和性别，以及工作状况，使用的社交平台，每天使用社交软件的时间和社交好友的人数等，及在微商的消费情况和对微商的态度，了解他们周围是否有人从事微商，是否信任微商、微商的优势以及认为制约微商发展的因素，最后浅谈对微商发展的建议。

3.3　调查的实施

在发放调查问卷之前，要对被调查对象进行情况说明，使其熟悉调查问卷的填写方法，尽量保持回收有效问卷的比例。具体调查时，采用朋友圈等平台方式分享链接答题，对问卷题目进行选择，题目分为单选、多选以及主观题，答题后自动回收。

4　调查数据分析

4.1　朋友圈中的购物与社交情况

本研究采集了人们使用社交软件的时间频率，具体情况如图 1 所示。

从图 1 中可以看出，人们每天使用社交软件时间是很长的，其中有 30.67%的人每天使用时间为 3~5h；有 30.37%的人使用时间为 5h 以上。通过调查发现，有 30.98%的人非常喜欢购买微商产品；41.41%的人群不太喜欢购买；其他 27.61%的人则对微商产品的喜爱一般。关于常用的社交软件方面，微信的常用使用量高达 83.74%；QQ 常用使用量达 60.12%；微博的使用量为 39.57%。

通过以上数据可知，人们对社交软件的依赖程度是很高的。被调查对象中喜欢微商产品与不喜欢微商产品的人数基本相同，相比较而言，对网购喜欢程度一般的占少数。由此可以看出，如今现代人的生活受到微商飞速发展的冲击，在享受其本身带来的便捷的同时，也有对微商状况的质疑。然而仅仅从常用社交平台这一点来看，微信的使用量高达 83.74，说明“微商”的发展前景还是有一定的进步空间的。

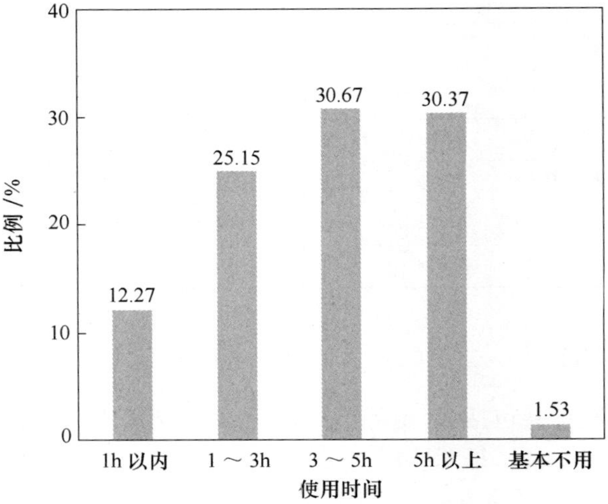

图 1　人们每天使用社交软件时间柱状图

4.2　对微商的了解程度以及态度

为了进一步分析各类人对微商的了解程度和态度以及其发展规模状况，现整理以下数据以供参考，具体情况如图 2~图 4 所示。

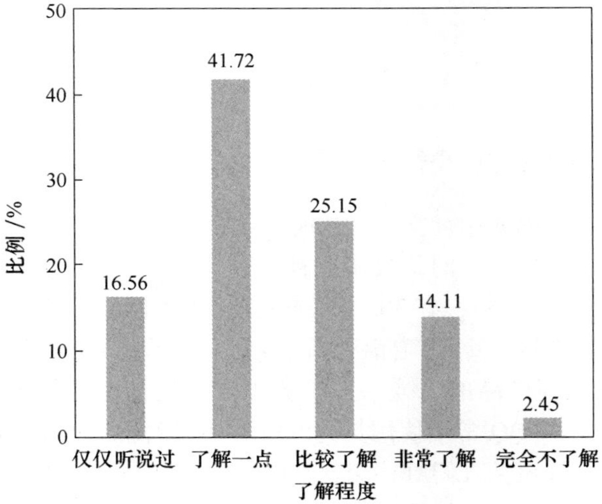

图 2　人们对微商的了解程度柱状图

由图 2 可知，有 39.26%的人表示了解微商的运营；19.01%的人表示不太了解微商；而 41.72%的人则表示对微商的了解度为一般。关于朋友圈中从事微商的人群数量问题，从图 3 中可以看出，其中 6.75%的调查者朋友圈中无人做“微

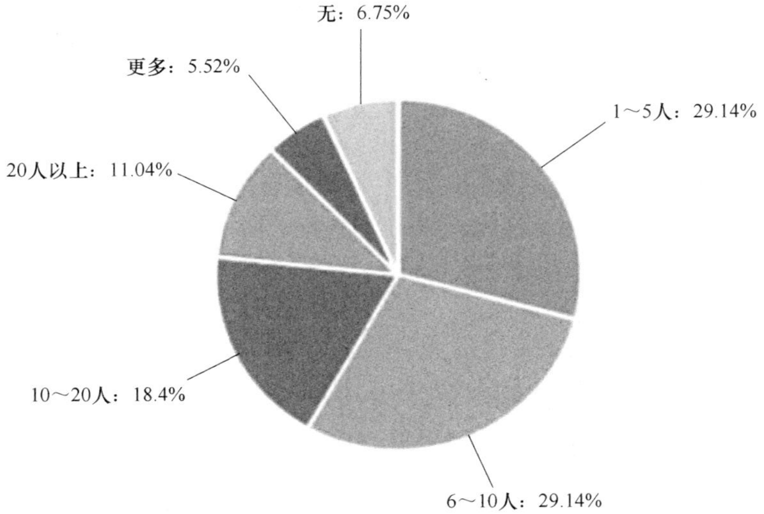

图 3　身边从事微商行业的人群数量饼状图

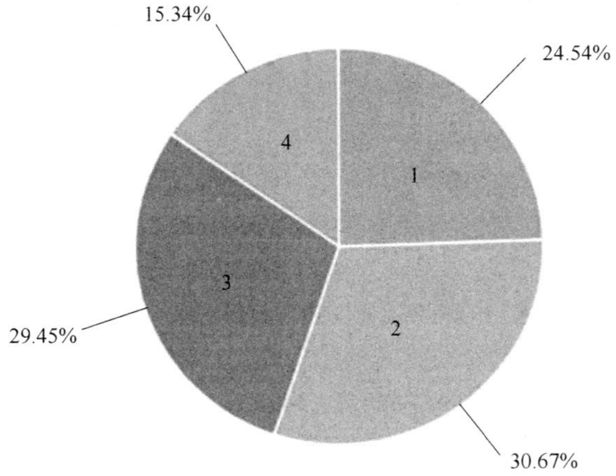

图 4　对朋友圈中微商广告的态度饼状图

1—烦躁，选择屏蔽；2—会大致浏览产品，但并不会购买；3—没有强烈感受，置之不理；
4—会对产品感兴趣，有购买的想法

商”；29. 14%的调查者朋友圈中有 1～5 人的微商从业者；29. 14%的调查者朋友圈中有 6～10 人的微商从业者；34. 96%的调查者朋友圈中有超过 10 人的微商从业者。关于人们在朋友圈里发微商广告的看法，从图 4 中可知，有 24. 54%的人群会感到烦躁，选择屏蔽；29. 45%人无强烈感受；30. 67%的人会大致浏览，但并不会购买；而 15. 34%的人看到自己感兴趣的产品时会有购买的想法。在购买过微商产品的人群中，有 38. 65%的人群认为产品一般，没有想象中的好；有

28.53%的人群认为产品较满意；有32.82%人群认为质量较差。

通过以上的数据可知，虽然生活中有很多人对微商的运营不是很了解，但身边有很多人在尝试做微商，由此可见微商还是引起了大众的关注。关于人们对微商的接受态度方面，大多数对以微商的形式宣传的商品并没有购买欲望，甚至很多人群会选择屏蔽，说明微商并没有得到人们的信任，购买人群的消费体验也并不是很好，未来还有许多的问题需要克服。

4.3 微商发展前景分析与建议

本报告旨在探索微商发展状况，特此整理其发展的优势与劣势，具体数据如图5和图6所示。

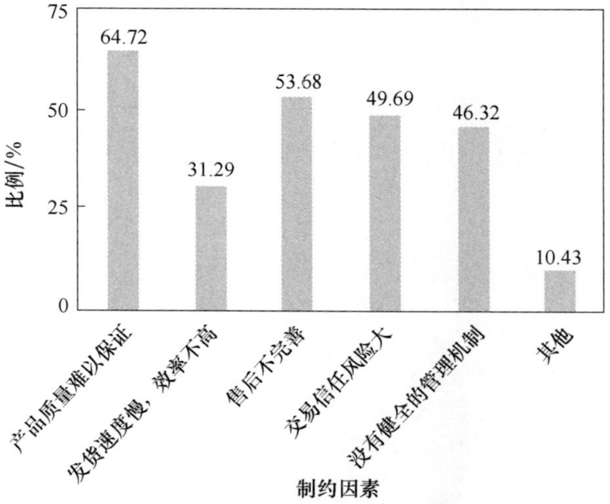

图5 制约微商进一步发展的因素柱状图

由图5可知制约微商发展的因素，例如有关部门没有对微商进行有效的制约管理，使得微商出现了各式问题，在个人微商的发展中，很多微商以次充好，以假乱真，暴利刷屏，搅乱市场，导致消费者对微商的产品都不信任；大中小各类品牌商进入微商市场，开始大肆宣传产品并招各级代理，模式与传统的直销有很大的相似度，便很容易引起人们的反感。其中就有64.72%的人认为产品质量难以保证；有31.29%的人认为是发货速度慢，效率不高；46.32%的人认为没有健全的管理机制；53.68%的人认为售后不完善；49.69%的人认为交易信任风险较大。由图6可知，微商行业还是有一定的优势，其中63.8%的人认为微商行业入行门槛低、风险低、成本低；55.83%的人认为它操作容易，经营便利；56.75%的人认为微商无需实体店铺，可随时加入；45.71%的人认为商品传播速度快，种类多，回本快；36.2%的人认为可充分利用人际关系。关于对微商发展的建议

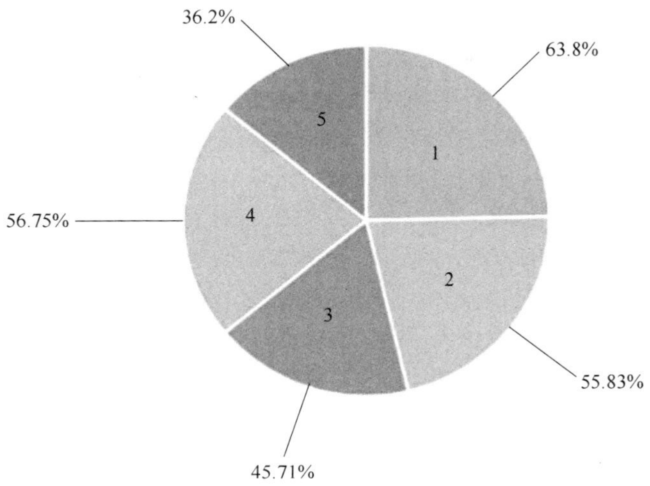

图 6　微商的优势饼状图

1—入行门槛低，成本低，风险低；2—操作容易，经营便利；3—商品传播速度快，种类多，回本快；4—无需实体店铺，可随时选择加入；5—充分利用人际关系

方面。有部分人认为，微商想要发展得更好需加强质量方面的监管，平台交易的流程需要正规化，且应减少强行推荐购买的手段等。

通过以上数据可知，大多数人对微商的产品质量、发货速度、管理机制、售后服务以及交易信任等方面表示怀疑。其中占比较高的是关于产品的质量问题，说明大众对微商没有购买欲望，最主要是对产品本身的怀疑，以及购买后的保障问题。因此微商需要建立一套标准官方的商品监管与监控的系统，从而让大众放心。不可否认，微商行业还是有着一定的优势的，它的入行门槛低、风险低，给予一些特殊群体从事该行业的可能，也给一些本金少、怕承担风险人群提供了一定的方便，对于这些优势我们需要继续保持与发扬。关于建议，很多人还是提到质量问题，由此看来，对产品质量监管必不可少。交易流程、服务态度也需要规范化。在微商本身的宣传行为方式方面，也需要进行合理的转换，杜绝强买、强卖、打感情牌、弄虚作假等。

4.4　结论与建议

4.4.1　研究结论

本次调查以未从事微商行业的群体为研究对象，从不同年龄段展开调查，从工作状况、经常使用的社交平台以及社交软件使用时间的长短探索，并根据社交圈好友数量进一步调查研究对象对微商的了解情况以及他们对微商未来发展情况的看法观点。利用 excel 分析软件进行数据分析处理，调查分析结果显示：（1）

在校学生对微商的接触和了解程度高于其他职业；（2）大部分人对微商对保护隐私的安全性持怀疑和不信任的态度；（3）绝大部分人都对微商有一点的了解程度；（4）多数人在微商购买次数少于5次，在微商处购买商品的次数较少；（5）多数人看到微商广告会浏览但并不会购买；（6）超过50%的人对微商未来发展状况持有乐观状态。

总之，对于微商的发展，我们应该秉持正确的态度，且随着时代经济的发展，微商定能找出适合生存的方法，从而促进国民经济的发展，延伸出新的产业链。

4.4.2 政策建议

通过以上数据可知，大多数人对“微商”的产品质量、管理制度、售后以及交易信任等方面表示怀疑。其中占比较高的是关于产品的质量问题，说明大众对“微商”没有购买欲望，不仅仅是“微商”本身的宣传模式上出了问题，更多的是对产品本身的怀疑。同时面对国内严峻的就业形势，很多大学生在校期间就开始各种兼职或者创业，大学生微商已是校园里比较普遍的一种现象。因此建议大学生做微商时要合理安排自己的时间，所做产品要做好质量的把控。

4.4.2.1 政府层面

李克强总理在2015年的两会中提出政府将制定“互联网+”行动，推动移动互联网、云计算、大数据、物联网等与现代制造业结合，促进电子商务、工业互联网和互联网金融健康发展，引导互联网企业拓展国际市场。可见，互联网创业受到政府的重视，微商的发展将得到相关政策支持。

A 完善法律、规范发展

目前微商平台并没有相应的售后机制，消费者的权益极易受到损害。国家一方面需要完善法律，建立相关税法，另一方面要引导消费者知法懂法用法，在自身权益受到伤害时，学会利用法律武器进行维权。

B 健全职责、加强监管

微商的迅速兴起和部分法律条文的滞后，造成政府没有对部门职能进行及时更改。政府要建立健全监管制度，在互联网行业里面，要求商家实名注册，产品有相应认证。监管部门也要加快转变观念，完善监管方式，多采用信息化的手段来解决现有问题。

4.4.2.2 市场层面

微商市场需要一个自我完善和自我监督的机制，成立微商行业协会是维持市场秩序的必要措施。同时，商家要树立信用意识寻求长远发展，高质量的产品，优质的服务，适合的宣传渠道是得到消费者的信任、寻求长远发展的根本。

A　品牌化、个性化

随着当今时代的发展，产品的定制化、个性化将会是未来品牌的方向，微商要先获得更好地发展，就应顺势而为，做到品牌化，打造属于自己的品牌和个性，逐渐做大做强，借助品牌的力量将产品更多地销售出去。

B　正确的营销战略

产品营销时，一方面需要准确定位自身产品的核心竞争力，做好质量和服务。因为所谓的“熟人经济”是因为相信才会选择购买，所以做好这些是获取买家信任的基础。一方面也要注重客户关系的维护，微商店主在做代理或者招代理商时，如果能有注重维护客户关系的培训，将为品牌带来价值难以衡量几乎可以终身留存的客户群体。

4.4.2.3　微商创业

微商创业其本质也是创业行为的一种，同样需要符合市场营销规律。对于想要通过微商渠道实现创业梦想的，对产品的属性、来源渠道、消费群体等都要做到了如指掌。微商创业者要做到：

（1）产品选择。产品的选择问题尤为重要，选择什么样的产品，如何挑选销量好、消费者喜爱的产品，需要创业者认真考虑。一般来说，非标产品是微商的产品最好选择，因为标准化的产品消费者可以通过天猫、京东等已有固定渠道进行采购。

（2）精确定位。商品选择后，需要对目标消费者的动机进行分析，了解目标消费者对于相关产品的喜好标准及差异性，确定产品的定位，找到卖点。

（3）有效推广。推广是微商销售的重中之重，在推广过程中应注意以下三点：1）宜以直接宣传产品为内容的信息为主且需注意推广频率，禁止暴力刷屏；2）宣传方式需要灵活多变，借助人物访谈、幽默介绍或朋友好评晒单等多种形式穿插进行；3）产品推广宣传风格应保持一致，避免驳杂。除此之外，还要不断学习，积累经验，树立诚信观念。优化市场分析策略，价格策略，宣传策略，形成良好的竞争优势。

通过各方面的不断进步与完善，微商终将走向一个独立成熟、自由竞争、体系健全地发展时代。

参考文献

[1] 吴军．浪潮之巅［M］．北京：电子工业出版社，2011.

[2] 刘锋．互联网进化论［M］．北京：清华大学出版社，2015.

[3] 杰里米・里夫金，张体伟，孙豫宁．第三次工业革命：新经济模式如何改变世界［M］．北京：中信出版社，2012.

[4] 齐赫 . 基于物联网技术下的电子商务的研究 [J]. 计算机光盘软件与应用，2014，(5) .
[5] 张铎 . 林自葵 . 电子商务与现代物流 [M]. 北京：北京大学出版社，2016.
[6] 赵晓津 . 计算机安全技术在电子商务中的应用探讨 [J]. 硅谷，2014，(4) .

有关微商行业的调查与思考

张 语　张 博　王子恒　王志鹏　高荣金

摘要：微商是指利用微信、QQ、微博等社交工具作为平台来开拓市场，展开销售活动以实现销售目标或分销给下一级的组织或个人。随着 2011 年 1 月 21 日微信的横空出世，其发展趋势势不可挡，据统计目前用户已达 8 亿人，成为中国最受欢迎的社交工具。为了能更加清晰明确地看到微商行业发展现状及未来方向，我们 vac 队组织了此次市场调研活动。

此次调查持续两周，调查对象主要为在校大学生群体。本次问卷共收到 310 份，有效问卷 300 份。问卷中单项选择占比 40%，答题率为 100%，多选及简答占比 60%，答题率为 98%。在对问卷进行归纳整理后，运用大量观察法、分析法以及 SWOT 分析法等客观分析法对数据进行整理分析，制作柱状图、饼图等。

我们将问题主要侧重于以下几个方面：（1）微商行业的普及情况以及人们的了解程度；（2）微商的优势及其劣势；（3）微商的产品消费情况；（4）维权方式和手段，版权意识；（5）卖家买家之间的良性互动；（6）微商行业准入资格。

1　引言

微商是基于微信生态而逐渐发展起来的一种商业现象。它可以是一种商业身份，最早期大家印象中的微商，就是在微信上做生意卖东西的商人。也用来代指一种商业行为：商业嗅觉敏锐的一批生意人，就陆续在朋友圈发布商品图片来吸引眼球获得销售。普遍来讲，狭义概念中的微商就是在微信上销售产品的行为；广义上来说，微商是利用移动互联平台而产生的电商方式。

团队通过问卷星 App 获取基础资料，向大学生群体随机发放调查问卷，共收到 339 人作答，有效问卷 339 份，单项选择结果所占的总比例之和为 100%，多项选择题总比例之和一般都超过了 100%。

微商现在在大学生之间广为流传，微商具有拥有稳定的客户群体，信息流通速度快，范围广，经营成本低等优点，同时也有群众维权意识低、法律意识普遍薄弱导致的维权难，不知道怎样维权的弱点，这些都是微商发展中需要克服和解决的问题。

2　微商行业普及情况

微商从狭义上来说是指利用微营销平台做生意的商人。微信现在全球华人占有量14亿，微信活跃用户达到10亿左右，这是一个非常庞大的市场，而且史无前例的统一到一个客户端。从全国微商行业规范认证办公室发布的数据来看，自2014年微商发展以来，发展速度倍增，微商从业人员在5000万人左右，微商行业市场规模2018年达到7000亿元人民币。

我们的调查结果（见表1和表2）显示，用户女性居多，呈现年轻化特征，大部分集中在18~22岁之间，主要生活在二三线中小城市，总体呈现出较高学历、中等收入的特点。以女性和年轻人为主的用户结构影响了微商行业主营的商品品类，形成了微商行业以美妆产品和服饰鞋帽为主导的销售格局。

表1　性别调查

性别	人数	比例/%
男	137	40. 41
女	202	59. 59
合计	399	100

表2　购买倾向调查

购买商品品类	人数	比例/%
生活日用品	261	76. 99
服饰鞋帽	221	65. 19
保健品	61	17. 99
健身器材	38	11. 21
数码产品	55	16. 22
没买过	85	25. 07
本题有效填写人次	339	

在微商行业飞速发展的今天，很多人都与微商有过不同程度的接触，身边的亲戚、朋友、同学等都会有在做微商的成员，在朋友圈、QQ空间等主流社交软件中随处可见各种各样的广告，但人们对微商行业的了解程度不高，仅有不超过10%的人对微商非常了解，大部分人对微商仅仅留有“以较为优惠的价格卖一些东西”的印象，没有对整个行业进行过了解，包括一些自己本身在做微商的人也没有对自己所从事的行业做过深入的研究，仅仅想着如何多赚钱罢了（见表3）。

表3　对微商的了解程度调查

对微商的了解程度	小计	比例/%
很是了解	50	14. 75
一般了解	206	60. 77

续表 3

对微商的了解程度	小计	比例/%
不了解	83	24.48
本题有效填写人次	339	

人们普遍认为微商就是通过微信或其他社交软件卖一些商品，虽然身边推广的很多，但真正在微商购买商品的人却寥寥无几，大部分人购买商品还是选择较为传统的网络购物平台比如淘宝、京东等或者在实体店购买商品，有时通过熟人推荐或者较高的性价比会选择在微商购买商品，但不会把微商作为一种主要的购买商品的途径和手段（见表 4~表 7）。

表 4　对微商的普及程度调查

身边人从事微商情况	人数	比例/%
有	263	77.58
没有	23	6.78
不清楚	42	12.4
我自己	11	3.24
本题有效填写人次	339	

表 5　对微商的了解程度调查

对微商的认识	人数	比例/%
没听过	17	5.02
通过微信卖产品卖服务	140	41.3
通过一般社交软件卖商品卖服务	152	44.84
熟人传销	23	6.78
其他	7	2.06
有效人次	339	

表 6　对微商认可度调查

在微商购买商品次数	人数	比例/%
有并且很多	63	18.58
基本不购买	59	17.41
很少购买	141	41.59
不购买	76	22.42
本题有效填写人次	339	

表 7 在微商购物原因调查

在微商购物原因	人数	比例/%
熟人开网店	97	28. 61
熟人推荐	154	45. 40
其他平台断货或无法购买到	78	23. 01
性价比相对较高	97	28. 61
新鲜感	58	17. 11
没买过	71	20. 94
有效人次	339	

巨大的利益和便捷的方式吸引了很多年轻人的注意，仅需一部手机就能完成所有的交易过程，但由于人们对新生事物有着恐惧和好奇的双重心理，对微商望而却步，做微商的意愿不强（见表 8）。

表 8 微商发展前景调查

从事微商意愿	小计	比例/%
正在做	31	9. 14
有这个想法，还没有实践	103	30. 38
没打算	205	60. 47
有效人次	339	

3 微商的优势和劣势

3.1 优势

3. 1. 1 拥有稳定的客户群体

拥有稳定的顾客群体在微信里做生意有一个好处就是可以打感情牌。在商场等实体店买东西，买卖双方讨价还价完全没有情面可言。在朋友圈就不一样，朋友之间有感情基础在，平时不卖、不买东西，也会时不时聊聊天沟通感情。在聊天过程中，无意中提到自己进到了什么新货，只要朋友确实有这个需要，质量和价格又过得去，好朋友想必也是乐意买，也乐意介绍给他的朋友们的。这样在朋友里面树立了良好的口碑，朋友介绍给他们的朋友，这样销路就打开了，朋友也就变成了熟客。

3. 1. 2 信息流通速度快、范围广

伴随着科学技术的革新，手机行业获得了空前的发展。手机技术革新速度

快，使得手机更新换代速度加剧。那么最直接的一个影响，智能手机的价格低廉，现在几乎人手一部手机。只要有手机，微商可以随时随地的在朋友圈里发布商品信息。在朋友圈里，只需要拍几张照片，附上几句产品的介绍，然后通知好友转发就可以让更多的人知道商品信息。这种效应就像裂变一样，一传十、十传百，消息以几何级数增长，短时间可以通知到很多人，从而也提高了成交率。

3.1.3　经营风险低

在微信里做生意，大部分都是自己的朋友或者朋友的朋友。总之，在现实社会中存在或多或少联系的人才能看到在朋友圈推送的信息。那么，“熟人经济”的收益是非常可观的。因为，在微信上的沟通、交流过程中，买方选择了你的产品，在体验之后感觉不错。在微信上存在交流的缘故或因熟人，他有极大的可能成为你的宣传人，从而具备了裂变式增长的可能性。这种传播方式比其他营销方式灵活性更大，同时也不需要像实体店那样承受诸多的局限与压力。

总之，微信营销的优点有进入该领域的成本低，商品消息的传播速度快、范围广，经营的风险低。因此，微商实现了传统行业难以比拟的销售业绩。正是因为微信营销具备这些优势，才让这个新生事物在短短的 3 年时间得以迅速地发展。

3.2　劣势

3.2.1　“爆刷屏”广告引发的反感

朋友圈存在的初衷肯定是为了能够及时、快速的获得朋友的生活信息。那么在朋友圈里推送产品信息，肯定会遭到抵触。再者，一些不具备相关从业经验的群体不注意广告推送的方式，即时间、频率，而是一味地把信息一股脑的推送，从而引发受众更强烈的反感。在笔者的调查中有 72%的人表示刷屏很讨人厌。因此，在营销的过程中要注意方式与方法，注意推送的内容不要全是广告，应采取一种比较容易接受的方式进行宣传。

3.2.2　产品单一、质量遭怀疑

在微信朋友圈中，绝大部分的产品是面膜、化妆品、减肥药、保健品等。这样的情况使得产品范围狭窄，限制了微商的发展，同时也是今天微商竞争如此激烈的原因。这样激烈的竞争，使得一些居心不良的人拿着三无产品以次充好，从而导致整个微商的产品遭受大众的质疑。当然，相关单位对于微商产品的监管制度不到位使得三无劣质产品大行其道。也就导致了“信用危机”，即大众认为微商的产品质量全部不可靠（微商“信用危机”的原因见表 9，对于假货的看法见表 10）。所以，行业从业者的自律，相关制度的健全显得尤为重要。只有为消费

者塑造一个良好的消费环境才能使得微商发展的越快越好。

表 9　对微商行为的感受调查

微商令人讨厌的原因	人数	比例/%
频繁刷屏，影响我的正常生活	224	66.08
图片与实物描述不符合	132	38.94
商品质量不过关	131	38.64
卖家服务态度恶劣	54	15.93
发货效率低	57	16.81
卖家信用低	63	18.58
其他	20	5.9
本题有效填写人次	339	

表 10　微商失信反馈调查

对于微商卖假货的态度	人数	比例/%
知道是假货后不再购买	198	58.41
是不是假货无所谓重要的是物美价廉	61	17.99
明知是假货偏要选择购买	55	16.22
不会购买，因为售假犯法	142	41.89
有效人次	339	

4　微商的监管和维权

4.1　微商维权的问题和难点

4.1.1　微商经营主体难以确认，政府部门监管、消费者维权都十分困难

微信、微博朋友圈等只是匿名的社交平台，并不是第三方交易平台，对于经营者的真实信息无法审核和把控，加之双方的交易都在虚拟网络进行，购货记录难以取得，又缺乏平台担保和有效的信用评价机制，因此，一旦发生退换货等纠纷，监管部门无法迅速确定经营者真实身份、确定责任主体，《互联网交易管理办法》规定的 7 天无理由退换货根本无法得到保证，这是目前微商最大的问题。

4.1.2　产品和服务质量良莠不齐，假冒伪劣产品比例较大

目前微商的营销产品主要是衣服、化妆品和一些奢侈品，这些传统上假冒伪劣的重灾区产品在微商平台上情况更为严重，不仅匿名的个人、企业经营者故意售假，即使是一些知名电商也从事假冒伪劣产品销售活动。还有的微商违反《食

品安全法》的规定，在没有食品流通许可证的情况下擅自销售食品。

4.1.3　普遍存在虚假广告和引入误解的虚假宣传行为

微商可以在平台上采用语音、视频、文字等方式发布广告，可以随时不留痕迹地对发布的广告进行添加、修改、删除，所以夸大宣传、虚假宣传、虚假中奖等行为屡见不鲜。还有部分“网络红人”收取微商费用后，利用自己的影响力，采取好友推荐、发布软文等方式替他人推销假冒伪劣商品，甚至推销违规的药品和保健品。当购买的产品出现问题时，消费者的态度调查结果见表 11。在发生纠纷后，采取法律途径维护自身权益时面临的困难见表 12。

表 11　微信购物投诉调查结果

在微商购买产品出现问题时做法	人数	比例/%
都是熟人，算了	64	18.88
先找卖家协商	152	44.84
第三方平台举报	36	10.62
没有遇见过这种情况	71	20.94
其他	16	4.72
有效人次	339	

表 12　微商购物维权时面临的困难调查

面临的困难类型	人数	比例/%
不熟悉相关法规	156	46.02
消费金额太低	88	25.96
取证困难	111	32.74
程序复杂，消耗的成本高，时间久	156	46.02
维权困难	121	35.69
没有困难	17	5.01
其他	17	5.01
有效人次	339	

4.2　加强微商监管的方法

4.2.1　完善微商实名认证的管理

严格执行《互联网交易管理办法》规定，要求微商经营者依法办理工商登记并提供营业执照和真实的个人信息、经营地址。根据该法第七条，企业经营者、未通过第三方交易平台进行营销的个人经营者，应当依法办理工商登记。微信、微博、QQ 等互联网平台本质上是社交平台，目前尚不是第三方交易平台，因此任何经营者（包括自然人经营者）以社交平台从事经营活动都应该依法办理工商登记。值得注意的是，商务部 2015 年 5 月发布的《无店铺零售业经营管理办法（试行）（征求意见稿）》第八条规定，未通过第三方交易平台从事网络经营的自然人，也可以不办理营业执照，只需提供居民身份证、联系电话、经营场所（住所）等信息。这个规定和《互联网交易管理办法》第七条第二款的规定是不一致的。笔者建议，商务部的《意见稿》最好能和工商总局的《互联网交易管理办法》保持一致，以保持规章的一致性和便于行政监督。

4.2.2 加强网络监管平台建设，使网络自动监管和线下人工监管相互补充

目前国家工商总局已经委托北京工商局研究“全国网络交易平台监管服务系统”，消费者通过该系统能够在浏览器上自动获取正在访问网店的相关信用信息，包括是否受过行政处罚，是否被列入异常名录，是否被列入黑名单等信息。根据计划，该系统一期预计将于 2016 年 6 月 30 日上线运行，2017 年扩展到微商领域。但是，单纯的线上监管难以实现有效监管。各地市场监督管理部门还需要多方联动和线下根治，积极研究微商的特点，探索微商违法行为的查处办法，实行线上线下同时监管、标本兼治的监管战略。

4.2.3 以法规的形式确定微信、微博等社交平台运营商的监管责任

国家应出台相关规定，明确社交软件平台对微商的监督与管理责任，要求他们认真履行微商的实名认证、食品流通许可证审核和信用评定义务，并定期向国家机关提交数据。在条件许可的情况下，社交软件平台还应提供数据接口：（1）使消费者可以方便快捷地通过网络向市场监督机关投诉举报；（2）使监督管理机关拥有对从事违法行为的微商采取注销账号、屏蔽交易链接等权限。

总之，微商是一个新生事物，监管部门要采取宽严有度的监管策略，既保证它有一个宽松的发展环境，又保证它始终在法律法规的框架内健康发展。

4.3 维权手段

4.3.1 12315 投诉微商

在微商上面买东西被骗的话，如果被骗过的时间不久，并且还保留有当时的聊天记录、转账记录等，还是有一定希望追回被骗财物。

微商的确可以算一种白手起家的创业之路。利用身边朋友的信任，劝其购买和宣传，逐渐扩大自己的圈子，然后发展下线。所卖的产品大都是一些进价低廉、质量得不到保证的甚至生产厂家都不明确的“三无”产品。微商门槛低，只要有自己的圈子和产品，就可以进行售卖。面膜成本低，利润高，这是很多人

选择在朋友圈卖面膜的原因之一。而且，搞微商的卖家大都是二十几岁的年轻人，消费人群也多。

但是对于这种卖家自己都搞不清楚具体信息的产品，买家使用后起到反作用了如何维护自己的权益，工商部门及公安给出了一些建议：2015 年 3 月 15 日开始实施的《侵害消费者权益行为处罚办法》中明确规定：消费者网购后可把与商家的聊天记录通过截图等方式保留下来，一旦遭遇非法拒退的情况，就可以通过掌握的“证据”维权。对于消费维权来说，一些交易证据尤其重要，像交易时的聊天记录、邮件的截图、发票以及当时网站的宣传页都应该保存下来，方便维权举证。

此外，《侵害消费者权益行为处罚办法》中还规定：在销售的商品中掺杂、掺假，以假充真，以次充好，以不合格商品冒充合格商品的属于欺诈行为，经营者应当按照消费者的要求增加赔偿其受到的损失，增加赔偿的金额为消费者购买商品价款或者接受服务费用的三倍；增加赔偿的金额不足五百元的，按五百元。法律另有规定的，依照其规定。

4.3.2　通过网上平台举报

如果发现微信上有销售假冒伪劣商品等违法行为，手机用户可以通过微信公众平台和朋友圈的举报和投诉功能进行检举投诉，核实后腾讯将会对违法账号进行不同程度的处理。而网上购物时，消费者对自身权利和义务的了解情况见表 13。

表 13　微商购物时权利、义务调整

消费者对网购时自身权利、义务的了解情况	人数	比例/%
很明确	102	30.09
不是很明确	138	40.71
没注意过这个问题	83	24.48
无所谓	16	4.72
有效人次	339	

4.4　对消费者和微商群体的建议

4.4.1　适应消费者的购买特点，实施薄利多销模式的“低”价战略

可以在保证质量的前提下，适当降低价格，做到“薄利多销”，微商可以多采取优惠方式，如会员积分制、分期付款、节假日优惠等增加消费者的回购率，

以培养消费者通过微信购买商品的习惯，提高用户黏性。

4.4.2 增强产品公信度

针对微商在市场出现的信任危机，提出如下建议：(1) 增强产品美誉度。微商应提供权威机构的认证标志、国家质检 PCCI 以保障产品质量。(2) 增加透明度。微商需要产品销售的透明度，诚信经营，不发布虚假信息；口碑销售，不卖三无产品。(3) 提高满意度。通过定期发布买家秀、建立买家社群，供消费者交流讨论，分享经验，这会大大提高消费者的满意度。(4) 完善售后服务，提高服务态度，及时反馈物流信息、退换货情况，增强用户的体验满足感。

4.4.3 定位精准客源

通过打广告，吸引精准客源。例如，找网红代言产品，在新浪、朋友圈、空间插播广告，这样的广告费不高，还能更加广泛接触消费者，吸引精准客源。

4.4.4 塑造微商个人魅力，提高信誉度，加强个性化服务

针对暴力营销、微商本人信誉度问题，可以融入诚信理念，提升微商形象。微商应做到如下几点：(1) 在朋友圈普及商品信息的时候，要注意推送时间、频率和方式；(2) 微商除了发布商品信息外，还应发布与消费者群体息息相关的信息，如搞笑段子、娱乐八卦、时事热点等；(3) 微商应以交友为目的的加入，先交心再销售；(4) 塑造个人形象，提高人格魅力。

5 微商行业准入资格

2018 年 6 月 19 日上午，电子商务法草案三审稿提请十三届全国人大常委会第三次会议审议。央视还针对微商行业立法进行了报道，对微商这个行业发出积极的肯定信号。

在我国第一部电商领域综合性法律《电子商务法（草案）》第三次提请人大常委会审议上，有建议指出，在电子商务经营者的范围中，要将通过微信、网络直播等方式销售商品或者提供服务的经营者涵盖在内。这应该是所有微商人引以为傲的一天，微商终于还是名正言顺的被纳入电子商务经营者范围了。换句话说，微商这两个字，已经达到了前所未有的高度和认可。

一直以来，立法滞后和监管空白让电商发展面临诸多矛盾和问题，而上述法律在通过后或有望填补电子商务领域的诸多法律空白。

近年来，随着分享经济、O2O、社交网络、直播，短视频等平台的快速发展，由此产生了一系列有关电商交易的新问题。特别是微商、网络直播等领域的活动，是否应归属电商经营者的范畴，成为业界关注的焦点。

电商用了 20 年时间才迎来立法草案，而微商只历经 5 年发展，立法就已被提上日程。相信在众多微商从业者、微商法务专家团等人士的不断推进下，微商将持续规范化发展，绽放中国经济的又一个春天。

微商发展的 5 年来，微商以其迅猛的发展势头，一再冲击许多传统企业。但由于行业乱象以及法律空白，导致许多微商产品质量无法保证，人们对微商褒贬不一，甚至一度被部分媒体“唱衰”和“妖魔化”。微商其实也是一种正常的商业模式，跟所有商业一样，有自己发展所必经的过程。

参 考 文 献

[1] 人民诚信认证．专家建议：2019 年微商发展现状及发展趋势．http：//www. sohu. com/a/285742908_ 100049040. 2018-12-30

[2] 赵高峰．中国微商的优势及存在问题分析 [J]. 智富时代，2018.

[3] wwhongjie. 浅谈微商的现状和监管方法．https：//wenku. baidu. com/view/899414761fb91a37f111f18583d049649b660ea1. html. 2017-02-24

[4] 互联网．12315 投诉微商有用吗，微商诈骗如何维权？http：//www. 64365. com/zs/839544. aspx. 2019-03-06

[5] 博客网资讯．国家将全面监管规范微商行业．http：//www. sohu. com/a/237122839_171082. 2018-06-21

第2篇

SHANGYE RONGZI LUYAN JIHUASHU

商业融资路演计划书

ONLY 寝室装饰文化

方红菲

摘要：大学时代，寝室是我们出门在外的第二个家。将寝室布置的温暖舒适有利于我们心情愉快，在校大学生尤其是大一新生，许多人不喜欢面对白花花的墙壁，想把自己的宿舍装饰的更好看一点，但是苦于找不到装饰的东西，不知如何去装饰，针对当前的这种需求我们有了此项目。我们通过淘宝、美团和 58 同城等电子商务平台为在校大学生提供了一个选择宿舍装饰的平台，让在校大学生可以不再为宿舍装饰找不到东西而苦恼。本公司主要业务范围为寝室装饰，具体可分为个人空间装饰、寝室简约装饰及寝室内部精细装饰。目标客户为大一、大二、大三的在校学生，通过淘宝网店和 58 同城等电子商务平台宣传销售我们的产品，并把具体复杂装饰程序进行外包。这为在校大学生装饰宿舍提供一个平台，让他们免除找东西和网上购物不放心的苦恼。独特的市场定位也给了这个行业宽广的市场前景。传统的装修公司，他们的目标客户群体主要是针对利润较高的民房别墅的装修，而基本很少关注这种利润较低的高校寝室装饰项目。

本项目主要针对沈阳市高校学生市场，对高校的学生宿舍根据学校和学生的具体要求进行装饰。我们由专人在网上搜罗好的创意宿舍家居产品，根据成本高低选择本地生产或网上购买。我们把寝室装饰分为自己购买装饰品装饰与集设计、材料、装饰一体化的一条龙服务的方案以及文艺清新、简洁明快、动漫个性、体育休闲、古典文雅、温暖舒适六大主题风格和不同风格对应的各种宿舍装饰用品：小公仔、壁纸、墙贴、海报、盆栽、花艺、床帘、照片墙、相框等。而且我们根据大学生的消费水平把市场分为低端、中端和高端市场，我们会最大限度地为在校大学生提供优质的服务，确保每个想装饰宿舍的在校大学生都能把自己的宿舍装饰成自己想要的样子。本公司前期主要面向沈阳高校，后期通过与房产中介合作的方式，逐步扩大到刚刚走向工作岗位，中短期租房群体。并逐步打造自己的品牌。

1　公司基本情况及未来发展战略

1.1　公司基本情况

我们的创业团队是由本科生组成的高素质团队，在人才梯队上具有接力优势。我们的创业团队成员知识广泛，而且都有外出工作的经历，为项目的可持续发展奠定了基础。目前团队成员见表 1。

表 1　创业团队成员组成

姓名	公司职务	自身优势
方红菲	总经理	性格成熟稳重，拥有敏锐的市场感觉及开拓和引导市场的能力，能够充分利用资源，大胆创新。深谙人际关系和组织能力。担任沈阳大学创新创业联合会实践部副部长
金禹池	销售总监	性格活泼，具有较强的沟通协调能力、概括思维和战略思维能力，处理事情干练利落，有很强的责任心，能够积极团结自协作，能够自我驱动，自我激励，市场开拓能力强
刘金玲	财务总监	业务能力强，有很强的逻辑思维，能够从宏观上掌控公司的财务运作，能有效监督防范潜在风险
杨旭	执行总监	具有较强的激励、沟通、协调和团队领导能力，具有良好的管理能力，事业心强。担任沈阳大学创新创业联合会外联部副部长
李镕兰	设计总监	沈阳大学美术专业本科生，多年的美术专业功底，专门负责寝室的各类设计

公司中各职务的主要职责如下。

（1）总经理：通过组建必要的职能部门，建立一个管理领导体系，对公司进行有效管理，负责公司日常经营管理，编制年度计划及中长期计划，审批公司重大经费开支。

（2）销售总监：销售总监的职责是和各部门密切配合完成工作。严格遵守公司各项规章制度，处处起到表率作用；制订销售计划；负责销售人员的招募、选择、培训、调配；负责销售业绩的考察评估负责销售情况的及时汇总、汇报并提出合理建议；负责客户的销售统计、销售分析和客户的经营分析指导。

（3）财务总监：组织领导公司的财务管理、成本管理、预算管理、会计核算、会计监督、审计监察、存货控制等方面工作，加强公司经济管理，提高经济效益。参与制订公司年度总预算和季度预算调整，汇总、审核下级部门上报的月度预算，召集并主持公司月度预算分析与平衡会议。组织做好财务系统文件、资料、记录的保管与定期归档工作。组织做好保密工作。

（4）执行总监：根据公司战略目标，制订和推行人力资源部年度工作计划；制订、执行、监督和完善公司各项劳动人事制度；制订薪酬、福利以及相关的激励保障制度；根据公司发展的需要，制订并执行人员招聘计划，建立和完善公司的招聘流程和招聘体系；做好员工职业生涯发展规划，负责制定后备人才选拔方案和人才储备机制，负责协调内外关系。

（5）设计总监：根据消费者需求，为消费者量身定制其所需要的寝室风格，负责公司的全部设计。

1.2　公司管理制度

公司的管理制度为：

（1）公司全体员工必须遵守公司章程，遵守公司的各项规章制度和决定。

（2）公司倡导树立“一盘棋”思想，禁止任何部门、个人做有损公司利益、形象、声誉或破坏公司发展的事情。

（3）公司通过发挥全体员工的积极性、创造性和提高全体员工的技术、管理、经营水平，不断完善公司的经营、管理体系，实行多种形式的责任制，不断壮大公司实力和提高经济效益。

（4）公司提倡全体员工刻苦学习科学技术和文化知识，为员工提供学习、深造的条件和机会，努力提高员工的整体素质和水平，造就一支思想新、作风硬、业务强、技术精的员工队伍。

（5）公司鼓励员工积极参与公司的决策和管理，鼓励员工发挥才智，提出合理化建议。

（6）公司实行“岗薪制”的分配制度，为员工提供收入和福利保证，并随着经济效益的提高逐步提高员工各方面待遇；公司为员工提供平等的竞争环境和晋升机会；公司推行岗位责任制，实行考勤、考核制度，评先树优，对做出贡献者予以表彰、奖励。

（7）公司提倡求真务实的工作作风，提高工作效率；提倡厉行节约，反对铺张浪费；倡导员工团结互助，同舟共济，发扬集体合作和集体创造精神，增强团体的凝聚力和向心力。

（8）员工必须维护公司纪律，对任何违反公司章程和各项规章制度的行为，都要予以追究。

1.3　发展蓝图规划

寝室特色消费是高校中还未完全发掘的市场，公司的目标是通过打造专业化的特色产品和服务吸引客源，获得盈利。公司发展模式以直营店为模板，同时开设网上销售平台并诚邀盟商加盟。

短期：依靠沈阳大学学生喜欢个性化的特性站稳市场，站在大学生的角度，为学生提供更加全面的适合的商品。

中期：打造口碑，通过标准化的服务、特色化的方案和不断更新调整让公司旗下的商店能够在学生间有口皆碑，扩大网上销售平台的规模，成为校园中不可替代的商店之一。同时将业务扩展到其他高校，形成连锁经营，拥有完善的管理和运营机制，保证商品的调整能够达到最贴近大学生，力求做大做强。

远期：与中介公司合作，利用它提供的大量数据和资源人脉，将市场扩大至沈阳市内。

2 项目目标市场分析

2.1 市场现状

寝室装修行业是一个完全新兴的服务行业，这是由其所定位的市场位置所决定的，这独特的市场定位也给了这个行业宽广的市场前景和奇特的市场规则，这都需要我们去不断地摸索前进，但是这些特性都很符合大学生这个群体，我们本身就身处这个群体中很了解其中的信息变化。装饰装修行业经过10多年的发展，在全国已经形成一个热门行业，其引领新经济的势头有目共睹。劳动和社会保障部颁布的《第四批国家职业标准》把室内装饰设计员列入11种新兴职业中，不仅令其职业地位突显，而且使装饰行业在新经济中的作用彰显。通过细致的市场调查我们发现，大一新生刚入学不久，寝室装饰单调统一，缺乏个性，虽然有上一届的学长学姐留下的“礼物”，由于个人爱好不同，适当调整装饰可以增加新鲜感等因素，留下的“礼物”不能满足他们的需求。而且学校举办的寝室文化大赛，很大程度上推动了大一新生的热情。温馨的住宿环境可以对同学们的心情与日常活动产生积极影响，根据调查结果显示，有80%的同学对自己的寝室有装饰的想法，学校目标市场前景广阔。在后期我们致力于与中介合作，每年有几百万大学生就业，其中一部分人在就业过程中，由于种种原因选择租赁房屋居住，为了更好地工作进而选择简单地把房间装修成自己喜欢的风格。所以，校外市场也非常广阔。

2.2 目标市场分析

为普通居民房屋装饰的公司已经随处可见，但为大学生提供寝室装饰的公司却并不多见。随着时代的发展与消费观念的转变，大学生们对居住场所的舒适度与美观性有了更高要求。所以以大学生为消费主体的寝室内部装饰，具有很大的发展前景。

据调查，60%左右的学生对寝室不太满意，80%左右的学生有装饰寝室的意愿，70%左右的学生想要自己动手进行装饰。在数据分析的基础上，我们推出了零售装饰品，设计出售与设计、材料、装饰一体化的一条龙服务。客户可以根据自己需要，选择一件或几件装饰品回去，也可以跟我们的团队沟通，选择喜欢的风格，由团队进行搭配设计与室内装饰等。最大限度满足学生群体需求，丰富他们的寝室文化。公司后期与沈阳市中介合作，以装修出租的房屋获取利润。

寝室，作为大学生每日住宿休息的地点，与此产生了重要的联系，对生活产生了重要的影响。因此，鉴于寝室对学生的独特作用，我们公司针对大一、大二、大三的学生的兴趣爱好和需求心理，对其进行独特、细致的装饰，以彰显大学生的个性。我们可以根据其普遍的心态，针对其一般的特点设计出许多独具特色的寝室装饰方案，由学生们根据自身兴趣进行选择。同时我们公司也可以提供设计、材料、装饰一体化的一条龙服务。

宿舍装饰程度可以分为个人空间装饰，寝室简约装饰与寝室内部精细装饰。所用的物品有海报、特色图片、壁纸、墙贴、公仔、盆栽、照片墙等小物件，经过优化组合，使寝室达到赏心悦目的效果。随着经济的发展，人民生活水平提高，对富含文化内涵的内部装饰关注度提高，学生们可以用这些小物件精心布置自己的小窝，彰显自己的个性。

据调查，60%左右的学生认为自己寝室的环境有待提升，80%左右的同学对寝室有装饰意愿。目前，大部分学生对本行业还不了解，我们公司通过宣传推广，打出自己的名声，获得市场的认可。而且每年的新生入学使得市场不断延续，市场前景广阔，容量大。

2.3　竞争对手分析

传统的装修公司主要是针对利润较高的民房、别墅的装修，而基本很少关注这种利润较低的高校寝室装饰项目。团队所成立的公司是专门针对高校寝室进行装饰的。经过我们公司前期的准备性调查，目前在校内没有发展类似组织，竞争对手多为一些零散的个体，从事领域也仅限于书桌、挂钩、床帘等，不全面且产品趋同缺乏新颖性，所以目前市场上并没有强有力的竞争对手。

2.4　SWOT 分析

2.4.1　优势分析

与传统的装修公司相比，我们项目团队作为高校学生，更能深入了解校园和学生的需求，与刚刚入学的新生处于同一年代，审美观念相同，让高校的学生能够选择到自己心仪的装饰物，我们团队中有美术专业的学生，他们有着多年的专业设计基础，能够满足高校学生对于寝室装饰的多种需求。

（1）宣传范围大：近水楼台先得月，我们团队成员都是在校大学生，大学生是一个特殊的群体，社交活动相对频繁，人际关系网较为广泛，是无形的宣传资源，而且我们可以利用本校的创新集市进行宣传。

（2）信息渠道直接：我们本身就处在我们所追求的市场发源地，可以轻松获得第一手信息，还可以根据形势迅速做出调整。市场在资源配置中起决定性作用，我们可以根据市场的变化做出正确的选择。而且我们组的成员与受众群体年龄相仿，更贴近顾客，服装城、超市、学府书城的老板们年龄与刚刚入学的新生差别很大，审美观念不同。

(3) 市场广阔、划分细致：受众群体大，大一大二的同学有一定的生活费可以自由支配，自己也希望去装扮寝室，后期与中介合作，市场广阔。为了满足消费者需求，我们把市场分为三个档次，即高、中、低。

(4) 成本少：在公司成立之前，我们团队成员外出寻找商家，与其协商，我们给他提供市场，按进货价从商家处提货，在根据市场价进行售卖，从而赚取差价。

(5) 灵活性大：由于是私人定制，学生可以根据自己的喜好手工 DIY，以达到自己满意的效果。

(6) 良好服务：家居市场太远，运输不便；网购摸不到材料，易有色差；从家里邮来成本过高；夜市上购买没有保证。我们质量能有保证，而且校园内没有类似的店铺。服务到位，具体精细，对于需要上门服务的，只要顾客提出要求，提供具体地址，我们就能派送。通过让顾客打分，有助于我们提高服务水平，提高我们的行业竞争力。

(7) 学校政策：我校强化创新创业能力训练，增强学生创新能力和在创新能力基础上的创业能力，旨在培养动手能力强、综合素质好的学生，培养适应国家、适应社会的高水平创新人才。

2.4.2 劣势分析

我们团队的劣势有：

(1) 进货渠道少，主要集中在五爱市场、小商品大世界、花鸟鱼市场和网络等，而且进货方一般是二级或三级厂商，价格不容易降下来，利润低。

(2) 启动资金少，不能迅速达到期望数量的多元化商品；刚刚开始创业时，商品种类少不能吸引到足够多的目标受众群体。

(3) 分为淡季、旺季，开学时销售的多，淡季销售的少，可能有资金链断裂的情况。

2.4.3 机会分析

好的市场机会和环境、优秀的团队以及充足的资金，这三者是宿舍装饰商品业发展的关键。这其中好的市场机会是非常重要的一个方面，我们这个项目的机会分析分为两点，简要地分析了该项目的创业可行性与定位。

(1) 我们的定位面向的是学生宿舍，提倡贴近大学生生活，不把自己定位为普通的文具小商品店。

(2) 借助于淘宝、美团和 58 同城网站等电子商务平台网站进行宣传和销售，改变了传统的销售方式，可以达到广泛宣传的效果。我们这个项目也是通过这种方式推广着产品，以达到最大的获利。

2.4.4　威胁分析

威胁方面、经分析主要有：

（1）服装城还是家纺城，都有很多商家在经营这一类别的商品，也不乏做的好的店家。竞争对手也有很多经商的经验与进货渠道，他们的价格低廉将给我们造成了很大的打击。

（2）送货上门的工作一般为男生，对于男寝送货上门还是轻而易举的，但是对于女寝可能只能送到楼下，5、6、7 层以上的同学还是得自己爬楼梯去搬运自己买的物品。

（3）店铺位置的选址也会有很多问题，设在 A 区家属区、测绘路、地下创业园，都会存在距离某一区远或者在地下不利于运输产品的问题。

3　产品服务介绍

3.1　项目方案

大学时代，寝室是我们出门在外的第二个家。将寝室布置的温暖舒适有利于我们心情愉快，影响我们日常活动和交流。我们为在校大学生提供了一个现场选择宿舍装饰的平台，让在校大学生可以不用为宿舍装饰找不到东西而苦恼。在校大学生尤其是大一的新生，许多人不喜欢面对白花花的墙壁，想把自己的宿舍装饰的更好看一点，但是苦于找不到装饰的东西，又不想自己去花时间找，所以一直把装饰宿舍耽搁了下来，为应对当前的这种现象我们有了这个项目，为在校大学生装饰宿舍提供一个平台，让他们免除找东西和网上购物不放心的苦恼。

宿舍装饰可以分为自己购买装饰品装饰与集设计、材料、装饰一体化的一条龙服务的方案以及文艺清新、简洁明快、动漫个性、体育休闲、古典文雅、温暖舒适六大主题风格和不同风格的宿舍装饰用品：小公仔，壁纸，墙贴，海报，盆栽，花艺，床帘，照片墙，相框等。我们会最大限度地为在校大学生提供优质的服务，确保每个想装饰宿舍的在校大学生都能把自己的宿舍装饰成自己想要的样子。（宿舍装饰主题风格及宿舍装饰用品见附录。）

3.2　服务对象及优势

服务对象：本公司前期服务对象主要面向沈阳大学的学子，中期面向沈阳各个高校，打造自己品牌，后期与沈阳中介合作扩大市场，服务对象面向沈阳市各个阶层。

优势：

（1）我们这个项目是面向在校大学生，消费群体广大，随着每年的新生入学更新客流量，市场前景广阔。目前校园内也没有正规的组织进行相关业务，所以我们这个项目的有着独特的竞争优势。

（2）对于客户群体来说，通过我们的项目可以让在校大学生尤其是大一的新生把自己的宿舍装饰得很完美，从而找到一种家的感觉。可以让寝室成为能提高效益消除疲劳，有利于思考的集中，提高工作效率，消除疲劳的小窝。通过搭配不同的壁纸，在提高宿舍美观的同时，可以让人有不同的感受，可谓一举两得。

（3）我们的售后服务体系有保障。团队成员本身就是在校大学生，理解客户需求的同时也会为消费者提供放心稳定的售后服务保障。

4 营销策略

4.1 市场开发策略

本公司主要业务范围为寝室装饰，具体可分为个人空间装饰、寝室简约装饰及寝室内部精细装饰。目标客户为大一、大二、大三的在校学生。据调查，60%左右的学生对寝室不太满意，80%左右的学生有装饰寝室的意愿，70%左右的学生想要自己动手进行装饰。在数据分析的基础上，我们推出了零售装饰品，提供出售与设计、材料、装饰一体化的一条龙服务。客户可以根据自己需要，选择一件或几件装饰品回去，也可以跟我们的团队沟通，选择喜欢的风格，由团队进行搭配设计与室内装饰等。最大限度满足学生群体需求，丰富他们的寝室文化。公司后期与沈阳市中介合作，以装修出租的房屋获取利润。并且借助淘宝网、美团网和58同城等电子商务平台网站进行宣传和销售。在项目发展中逐步扩大我们的业务，把中短期社会租房群体作为我们的主要目标客户，可通过和房产中介合作的方式寻找目标客户。

4.2 市场竞争策略

市场竞争策略有：

（1）在公司成立初期，通过朋友圈、好友推广等形式将我们的产品与服务进行宣传，增加产品知名度，拓宽学生群体的理解与认识，同时提高自身的技术，适应不同消费者的装修需求。

（2）对校内零散个体进行调查分析，借鉴他们的经验，通过正常手段去吞并一些不正规的卖家。定期去相关店铺进行体察和比较，紧跟行业发展，适度更新产品，保持客源。与店铺老板签订长期稳定的协议。

（3）经过市场分析后，为了提高竞争力，我们针对性地制定不同的市场营销策略，虽然都是大学生，但是我们还根据顾客需求的差异性，将整体市场一方面划分低端、中端和高端市场，另一方面将市场划分为零售装饰品与集合性一体化服务。

（4）在公司建立初期，不断积累经验，提高服务质量，更好为客户服务。随着不断地发展，后期考虑增加装饰人手，提高完工效率。

4.3　产品定价策略

现代市场营销观念要求企业的生产经营以消费者需求为中心，并在产品、价格、销售等方面予以充分体现。本公司针对大学生群体的消费理念及消费能力，在业务经营方面有物品零售、套餐设计服务及人工装饰服务，以满足不同程度的需求。团队成员通过跟店铺老板的协商，取得货源。按照客户不同类型的选择，价位不同：

（1）装饰品零售，根据市场价赚取一定差价。

（2）集设计、材料、装饰一体化的一条龙服务：有寝室简约装饰和寝室精细装饰两种价位，包含装饰品差价、设计费与装饰人工费。

（3）到寝装饰：收取装饰品和人工费用。

4.4　广告宣传策略

通过广告或促销的方式将产品信息传递给客户，引起他们的兴趣，促进他们购买。在校大学生是我们的主要客户群体，在互联网飞速发展的今天，我们主要采取线上方式进行宣传。一方面，通过朋友圈好友推广增加知名度与客流量；另一方面建立微信群和 qq 群，方便买卖双方进行沟通协调。为了防止有漏洞，我们还准备以发传单的方式进行线下宣传。

促销策略有：

（1）店面实施会员制，举办会员积分换好礼活动，会员生日当天还可享受商品折扣待遇。

（2）每个店面开业初期都会举办打折酬宾活动，以更快速地为店面聚拢人家，并且以优质的服务提高顾客的忠实度。

（3）不定期赞助一些学校社团活动，想参加活动的师生发放带有本店标志的小纪念品，在广大学生中积攒人气，提升品牌整体形象及知名度。

（4）对会员进行定期抽奖活动，为中奖的同学免费提供宿舍整体装潢提升，以提高公司的知名度，使更多同学产生购买本公司产品的欲望。

4.5　营销团队建设

我公司的销售团队建设以顾客为本，讲求老顾客带动新顾客的校园销售方式，通过赞助校园活动，和一些校园里的社团中的活跃同学建立联系，并通过他们带动他们身边的同学来了解我们的公司，购买我们的产品，亲身参与到我们的交换活动中来。我们会给促成交易达成的同学一定比例的佣金，也会遵照以下原则对销售团队进行管理建设。

（1）先对事后对人，明确责任，事事有人负责。人的管理是最难的，尤其对有一定阅历的销售人员。销售团队管理的目的是做好事情，完成公司的目标，也就是说管理好事情，让销售人员达成公司期望的目标，也就达到了销售团队管理的目的。所以包括销售目标在内的所有目标必须分解到责任人，人人对自己的目标负责。通过对事的管理来达到管人的目的。

（2）对特殊需要整改的市场，可单独设立目标考核。一般情况下，需要大力调整的市场，参加一刀切的考核时往往是雪上加霜，更不利于市场的培育和调整，只能造成进一步恶化和业务队伍的频繁换人。这种市场可单独报备公司审批，独立考核。

（3）打造一支专业、高效、稳定的终端铁军。以销售能力的提高为核心，部门加强促销话术的开发，力求做到点到位、口语化、实战化。

（4）每月安排全沈阳主题终端营销活动。主题性营销活动的好处是致力于全沈阳一盘棋，用户造势，提升终端势能：也能比较各地的执行效果，进行全沈阳高校对比。主题性营销活动能拉动消费者对品牌的持续关注，避免长期特价和堆码对消费者的刺激疲劳。对特价实行最低限价制度，活动形式多样化，严禁同一单品持续特价活动。做好对主体性活动的执行和管理特别是效果的评估，能有效地管理销售团队。

（5）销售队伍的热情和士气是高效团队最基本的条件。打造一支士气高涨的团队是一个系统工程。1）需要招聘具有乐观精神、勇于挑战、积极进取的员工。2）树立典型和样板，激发销售团队的潜能，别人能做到的你一定能做到。3）选好团队的领导，领导都无精打采就不要指望下属能生龙活虎了。4）做好培训，培养一种赢文化。5）做好员工激励和处罚，表扬先进，鞭策后进，整体提升。

5 财务分析

资金来源：本项目初始资金 10 万元主要来源是项目组自筹，每人 2 万元

费用预算：本项目的主要预算费用见表 2。

表 2 本项目的主要预算费用

项目名称	第一年投入/元
货物投资	50000

续表 2

项目名称	第一年投入/元
物流费用	5000
宣传费用	10000
员工工资	10000
日常经营活动费用	25000
总　计	100000

收入预测：预计每个寝室装饰收入 1000 元，沈阳大学大约有 2500 个寝室，每年大概有 4000 个新生入学，有 600 个新寝室。假设有 100 个寝室成为我们的客户，则第一年收入预计收入 100×1000＝10 万元人民币。第二年预计有 300 个新寝室成为我们的客户，预计主要收入 300×1000＝30 万人民币。

6　资金退出

6.1　融资方案

6.1.1　资金进入、退出方式

资金进入项目平稳运行后，随着顾客的不断增加，收入也不断增加，从而保证了企业的流动资本。当项目运行到中后期，已经具有一定的品牌价值，预计将引入风险投资，借助风投的资本和先进的管理方式，重组组织架构，并把项目利用现有方式迅速复制到全国。

6.1.2　资金退出方式可行性

通过并购退出的优点在于不受首次公开发行诸多条件的限制，具有复杂性较低，花费时间较少的特点，同时可选择灵活多样的并购方式，适合于创业企业业绩逐步上升，但尚不能满足上市条件或不想经过漫长的等待期，而创业资本又打算撤离的情况，同时，被兼并的企业之间还可以相互共享对方的资源与渠道，这也将大大提升企业运转效率。

6.2　投资退出方案

6.2.1　股改上市

首先是因股权分置形成非流通股东和流通股东的“利益分置”，即非流通股股东的利益关注点在于资产净值的增减，流通股股东的利益关注点在于二级市场的股价。

（1）制定企业改制方案，并形成有效的股东会决议。

（2）清产核资：主要是对企业的各项资产进行全面清查，对企业各项资产、债权债务进行全面核对查实。清产核资的主要任务是清查资产数额，界定企业产权，重估资产价值，核实企业资产。从而进一步完善企业资产管理制度，促进企业资产优化配置。

（3）界定企业产权：主要是指企业国有资产产权界定。企业国有资产负有多重财产权利，权利结构复杂，容易成为纠纷的源头，所以需要对其进行产权界定。企业产权界定是依法划分企业财产所有权和经营权、使用权等产权归属，明确各类产权主体的权利范围及管理权限的法律行为。借此，要明确哪些资产归属国家，哪些资产的哪些权能归属于哪些主体。

（4）资产评估：资产评估是指为资产估价，即经由认定资格的资产评估机构根据特定目的，遵循法定标准和程序，科学的对企业资产的现有价值进行评定和估算，并以报告形式予以确认。资产评估要遵循真实、公平、独立、客观、科学、专业等原则。其范围既包括固定资产，也包括流动资产，既包括无形资产，也包括有形资产。其程序包括申请立项、资产清查、评定估算和验证确认等几个步骤。资产评估经常委托专业的资产评估机构进行。

（5）财务审计：资产评估完成后，应聘请具有法定资格的会计师事务所对企业改制前三年的资产、负债、所有者权益和损益进行审计。会计师事务所对资产评估机构的评估结果进行确认。

（6）认缴出资：企业改制后认缴的出资额是企业经评估确认后的净资产的价值，既包括原企业的资产换算，也包括新认缴注入的资本。

（7）申请登记：此登记既可以是设立登记，也可以是变更登记。工商行政管理部门对符合法律规定的公司予以登记，并发放新的营业执照。营业执照签发的日期为企业或公司成立的日期。

6.2.2 兼并收购

6.2.2.1 发出意向兼并收购书

由兼并收购方向被兼并收购方发出意向兼并收购书是一个有用但不是法律要求的必需的步骤。

（1）将兼并收购意图通知给被兼并收购方，以了解被兼并收购方对兼并收购的态度。

（2）意向书中对兼并收购的主要条件已作出说明，使对方一目了然，知道该接受还是不该接受，不接受之处该如何修改，为下一步的进展做出正式铺垫。

（3）因为有了意向书，被兼并收购方可以直接将其提交给其董事会或股东会讨论，以作出决议。

（4）被兼并、收购方能够确信透露给兼并收购方的机密不至将来被外人所知，因为意向书都含有保密条款，要求无论兼并收购成功与否，兼并收购双方都不能将其所知的有关情况透露或公布出去。

6.2.2.2　核查资料（包括律师尽职调查的资料）

被兼并收购方同意兼并收购，兼并收购方就需进一步对被兼并收购方的情况进行核查，以进一步确定交易价与其他条件。此时兼并收购方要核查的主要是被兼并收购方的资产，特别是土地权属等的合法性与正确数额、债权债务情况、抵押担保情况、诉讼情况、税收情况、雇员情况、章程合同中对公司一旦被兼并收购时的价款、抵押担保及与证券相关的权利如认股权证等的条件会发生什么样的变化等。

6.2.2.3　谈判

兼并收购双方都同意兼并收购，且被兼并收购方的情况已核查清楚，接下来就是比较复杂的谈判问题。谈判主要涉及兼并收购的形式（是收购股权还是资产，还是整个公司）、交易价格、支付方式与期限、交接时间与方式、人员的处理、有关手续的办理与配合、整个兼并收购活动进程的安排、各方应做的工作与义务等重大问题，谈判主要是对这些问题的具体细则化，也是对意向书内容的进一步具体化。具体问题要落实在合同条款中，形成待批准签订的合同文本。

6.2.2.4　兼并收购双方形成决议，同意兼并收购

谈判有了结果且合同文本已拟出，这时依法就需要召开兼并收购双方董事会，形成决议。决议的主要内容包括：（1）拟进行兼并收购公司的名称；（2）兼并收购的条款和条件；（3）关于因兼并收购引起存续公司的公司章程的任何更改的声明；（4）有关兼并收购所必需的或适合的其他条款。

形成决议后，董事会还应将该决议提交股东大会讨论，由股东大会予以批准。在股份公司的情况下，经出席会议的股东所持表决权的三分之二以上股东同意，可以形成决议。在私人企业中、外商投资企业的情况下，该企业董事会只要满足其他企业章程规定的要求，即可形成决议。在集体企业的情况下，则由职工代表大会讨论通过。

6.2.2.5　签订兼并收购合同

企业通过兼并收购决议，同时也会授权一名代表代表企业签订兼并收购合同。兼并收购合同签订后，虽然交易可能要到约定的将来某个日期完成，

但在所签署的合同生效之后买方即成为目标公司所有者，自此准备接管目标公司。

6.2.2.6 完成兼并收购

兼并收购合同生效后，兼并收购双方要进行交换行为。兼并收购方要向目标公司支付所定的兼并收购费（一次或分批付清），目标公司需向兼并收购方移交所有的财产、账表。股份证书和经过签署的将目标公司从卖方转到买方的文件将在会议上由目标公司的董事会批准以进行登记，并加盖戳记。公司的法定文件、公司注册证书、权利证书、动产的其他相关的完成文件都应转移给买方，任何可能需要的其他文件如债券委托书、公司章程细则等都应提交并予以审核。买方除照单接受目标公司的资产外，还要对目标公司的董事会和经理机构进行改组，对公司原有职工重新处理。买方可能还需要向目标公司原有的顾客、供应商和代理商等发出正式通知，并在必要时安排合同更新事宜。此外，买方还需到工商管理部门完成相应的变更登记手续，如更换法人代表登记，变更股东登记等。

6.2.2.7 交接和整顿

A 办理交接等法律手续

签订企业兼并协议之后，兼并收购双方就要依据协议中的约定，履行兼并协议，办理各种交接手续，主要包括以产权交接、财务交接、管理权交接、变更登记、发布公告等事宜。

B 兼并后的企业整顿

兼并收购往往会带来多方面变革，可能涉及企业结构、企业文化、企业组织系统，或者企业发展战略。兼并收购交易结束后，收购方应尽快开始就兼并收购后的企业进行整合，并做好沟通工作，包括收购方企业内部的沟通和与被收购企业的沟通。

6.2.3 资本重组

这种基于存量资产结构的调整，往往需要有新的增量资产的进入才能进行更好的调整。资产重组从一般意义上讲，应当是存量资产和增量资产的重新整合，这种整合是一个动态过程。

7 风险分析

7.1 风险因素识别

据调查，目前校内的寝室装饰行业发展不大，许多同学对此没有一个较为全面的理解和认识。综合本项目，有可能存在风险的因素有资源风险、市场风险、竞争风险、财务风险和管理风险。

7.1.1　资源风险

我们寝室装饰业务的货源通过与经营不同类型产品的店铺老板协商洽谈，对方供货，我们进行向外的特色销售。这种情况下，可能存在老板改变心意，价格变动的风险。

7.1.2　市场风险

市场有很大的不确定性，在具体的市场调查中，我们发现有半数以上的同学对寝室文化认知较少，而且更倾向于自己动手购买材料来对宿舍进行简单的装饰。所以有套餐一体化销量较少的风险。我们所经营的是一个还不算成熟的领域，发展还不算健全。同时，校内对相关类型产业的了解宣传较少，存在市场风险。

7.1.3　竞争风险

从竞争者角度来说，目前就沈阳大学而言，没有专业的系统的成型的与宿舍文化相关联的团队，因此在竞争风险上，我们团队的风险较小。但是，寝室装修不是一个技术要求很高的行业，可能在公司发展一定阶段后会有同类型的公司涌现，竞争会逐渐增加。

7.1.4　财务风险

我们本着为顾客带来最优质的体验为目标，并为之向前努力，在宿舍装修的过程中，有一定的装修损坏的概率。而且运输过程中也有可能出现产品损坏，导致支出过多的财政现象。公司财务结构不合理，融资不当使公司可能丧失经营能力而导致公司预期收益下降的风险。

7.1.5　管理风险

企业管理风险是指人力资源风险，寝室文化主要以寝室装修为主，前期提供寝室装修的设计计划并与顾客进行沟通，在寝室装修期间我们需要团队成员的大量时间精力，工作人员可能因为多劳少得而辞职，而且公司之间的竞争可能会导致公司人员的流失。

7.2　风险防范对策

针对校内的寝室装饰项目存在的风险，我们提出了许多防范风险的对策：

（1）定期去相关店铺进行体察和比较，紧跟行业发展，适度更新产品，保持客源。与店铺老板签订长期稳定的协议。

（2）通过朋友圈、好友推广等形式将我们的产品与服务进行宣传，增加产品知名度，拓宽学生群体的理解与认识，同时提高自身的设计水平及装饰质量，适应不同消费者的装修需求。

（3）在公司建立初期，不断积累经验，提高服务质量，更好为客户服务。随着不断地发展，后期考虑增加装饰人手，提高完工效率。

（4）在公司发展一定阶段后，会有同类型的公司涌现，我们力求脱颖而出，加大力度宣传，提高产品质量，不断推出新产品，形成自己的特点和品牌形象，并且本公司还需进行多元化经营，拓展更广大的业务。

（5）对于财务风险，我们会提高工作人员的技术水平、认真细心和有耐心的品质，而且在运输过程中，我们会综合成本等因素把包装做好，避免过多中转，选择优质第三方物流公司运输。在公司运转方面，我们会留足日常运营资金加强资金管理并准确核实应收和应付款项及时回收支付降低公司的财务风险。

（6）为抵御公司核心人员流失的风险，我们会不断提高和加强公司员工的待遇，为公司人员着想，让员工在公司感受到家的温暖，处处为公司着想，避免被竞争者利用，杜绝此类风险的发生。

附录

(a)

(b)

(c)

(d)

(e)

(f)

图 1　宿舍装饰用品

（a），（b）小公仔；（c），（d）盆栽；（e），（f）照片墙

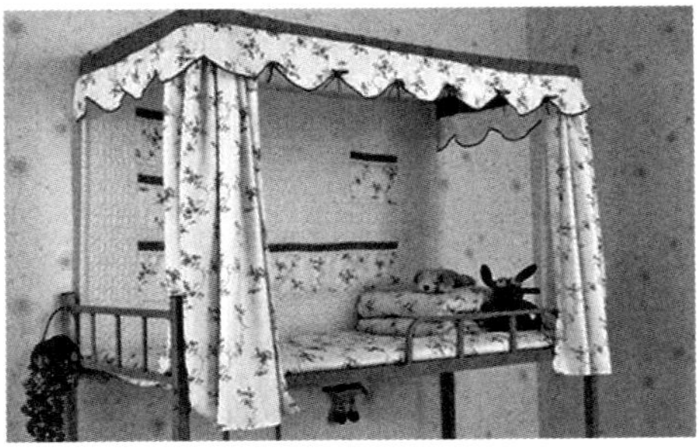

图 2　宿舍装饰主题风格

金晖农业科技有限责任公司

尹　喻　毕颜爽　汪陈晨　宋俊儒

1　执行摘要

1.1　公司名称及地址

本公司名称为金晖农业科技有限责任公司，位于辽宁省沈阳市浑南新区。

1.2　公司概况

本公司是一家基于电商平台，运用“农业电商”新模式，响应国家“十二五”农业信息化发展规划，旨在中国广大乡镇和城市之间建立农业电商平台，帮助农村农产品走向城镇市场，解决农民“卖菜难、菜价贱”及城市居民“买菜难、菜价贵”的问题，促进社会主义新农村建设，提高居民生活水平，是一家“互联网+农业”公司。

1.3　产品服务

建立网上农贸市场，迅速传递农林渔牧业供求信息，帮助外商出入属地市场和帮劝属地农民开拓国内市场，走向国际市场，进行农产品市场行情和动态快递、商业机会撮合、产品信息发布等，并形成一套产品、销售渠道、物流、售后完整的电商服务体系和产业链。

通过网络平台拓展农家乐发展渠道。为属地的农家乐（有地方风情的各种餐饮娱乐设施或单元）提供网上展示和宣传的渠道。通过运用地理信息系统技术，制作全市农家乐分布情况的电子地图，同时采集农家乐基本信息，使其风景、饮食、娱乐等各方面的特色尽在其中，一目了然。

1.4　市场分析

随着生活水平的不断提高，人们的生活和消费理念也在发生着改变，追求物质的同时，也在追求精神的享受，对绿色、生态、休闲的生活理念越来越重视。我们公司在这样的市场背景下应运而生。

1.5　营销策略

本公司采用线上线下相结合的营销模式，通过 App 营销、网络营销、微营销等方式进行销售，并通过网络、广告、新闻、居民社区免费营养讲座等活动对产品进行推广。为调动消费者的积极性，我们还将开展专题促销、打折促销、赠品促销、积分促销、联合促销、季节性优惠促销等一系列的促销活动。

1.6 财务状况

通过初步估计公司前五年年度运营成本，作出有效财务假设，利用资产负债表、利润表、现金流量表的数据，进行定量分析，计算出投资回收期，该项目投资回收期为一年多，回收速度比较快。综上，作出财务评价，判断金晖农业科技有限责任公司是具有较高投资价值的。

1.7 风险与对策

网上农贸市场等项目在经营过程中存在诸多风险，主要有资源风险、自然风险、技术风险、市场风险等。面对这些风险我们应该采取有效的措施，例如：采取有效的防灾减灾措施，进行科技创新，参加农业保险，更新观念，发展高新技术等。

2 公司简介及团队介绍

2.1 公司基本信息

（1）公司的基本信息如下：公司名称：金晖农业科技有限责任公司。

（2）公司注册日期：2018 年 9 月。

（3）公司注册资本：80 万元。

（4）公司地址：辽宁省沈阳市浑南新区。

（5）联系方式：2240541437@ qq. com。

（6）公司性质（类型）：有限责任公司。

2.2 公司自然业务情况

公司实行“农业电商”新模式，通过网络平台嫁接各种服务于农村的资源，拓展农村信息服务业务、服务领域，使之兼成为遍布县、镇、村的信息服务站；作为农村电子商务平台的实体终端则直接扎根于农村，提供线上线下覆盖的电商平台解决方案，融入“批发+供货+零售+分销”新零售时代，多渠道农业电商布局。

2.3 公司发展背景

随着经济的发展，城市居民对于生活的品质追求也越来越高，对于蔬菜水果的质量要求也越来越高。食品安全的严峻性使人们渴望吃到安全放心的蔬菜水果，结合当前互联网以及物联网的发展，“互联网+农业”大有可为。

2.4　对公司未来发展预测

城市的快速发展提高了人们生活水平的同时也带来了一些负面效应，其中一个代表性问题就是蔬菜水果的质量问题，这就产生了市场；此外，互联网技术的创新发展为健康农产品走进城市提供了重要技术支持。

2.5　公司的竞争优势与独特性

2.5.1　公司竞争优势

公司的竞争优势有：

（1）“绿色生活”创意理念。本公司初期主要以农产品售卖为目标，多种形式载体相结合，制定符合现代人购买习惯的销售方式。

（2）多元化经营理念。以“绿色生活”为基本载体，开展多元化经营，在业务规模逐渐扩大的过程中，推出更多新颖独特的业务种类。

（3）O2O 模式理念。实现 App 与实体经营相结合的“线上线下”服务，以创新的经营模式为顾客提供更便捷的服务。同时不断拓展 App 在线服务功能，建立电子下单、预约、寄送等服务平台，促进公司业务的拓展。

2.5.2　公司独特性

公司的独特性有：

（1）追求独特的创新的理念。一个公司想长久的存在，想不断健康地扩大规模，想提高收益率就得顺应时代的变化，为满足现实客户和潜在客户的需求而不断创新。丰富我们的服务项目，初期我们主要以健康农产品销售为主，日后我们公司将根据客户群体需求不断增加服务方式。不断提高服务形式和质量，为顺应客户对服务质量要求的日益提高，公司需要不断创新服务形式以达到更高的服务质量。

（2）创新的经营模式。公司采取代替服务与创意体验销售相结合的经营模式，按服务程度实行阶梯定价机制，不断提供增值服务，依据私人定制难易程度、时间长短进行定价，同时线上线下相结合，不断挖掘与拓展盈利空间。

（3）民主集中的决策理念。每一个决策都会影响到公司的发展，所以我们公司在决策时将一直坚持民主集中的理念，这种理念下我们可以获得更多的信息来源，提高团队成员的积极性，保证公司的统一度和决策的正确性，提高公司的决策效率和运营效率。

2.6 公司定位及战略

2.6.1 公司定位

公司的定位：以“绿色生活”为基本理念，打造多元化高质量的创新型农业公司。

2.6.2 公司未来发展方向和布局

农场实现线上经营为主，线下经营为辅相结合的经营模式。未来业务预测将在辐射群体、覆盖人群、扩大规模等方面全面展开。农场首先以沈阳作为试点，随后扩展到全国。公司总部设立在沈阳，随着规模的扩大，效益的提高，在全国范围内设立蔬菜基地，形成经营规模，同时创立“绿色生活”服务品牌，最终形成品牌效应。

建立统一的网络化服务平台，实现电子下单、在线服务、线上线下寄送、网上支付等一系列业务的无缝连接。同时也会制定工作室管理机制，加强管理，促进公司发展。

对于未知的未来，我们在强大的经验及技术支撑下，有能力为顾客群体提供更有品质的服务，为其创造更好的消费体验。

2.7 团队介绍

我们团队成员的岗位及职责见表1。

表1 团队成员岗位及职责

姓 名	岗 位	职 责
尹喻	总经理	负责协调大家开展创业工作规划项目发展项目
汪陈晨	财务部	负责公司融资财务管理工作
毕颜爽	营销部	总体统筹产品营销工作
宋俊儒	战略发展部	团队项目指导以及团队未来发展规划

3 产品和服务

3.1 产品介绍

公司产品主要有金晖食库、农场主计划和主题观光。

(1) 金晖食库。金晖食库种类丰富，和其他市面上随机搭配的菜篮子有所不同，消费者可以在手机上自己挑选所需要的蔬菜。金晖食库是家庭聚会、走亲访友的不二选择。

(2) 农场主计划。10 年前有一场 QQ 农场热，让人们在网络上体会了当农场主的乐趣。公司后期将为消费者提供一些可以自己耕种的土地，消费者可以通过自管和托管的方式种植绿色蔬菜。这些消费者自己种植出来的蔬菜归消费者自己所有，也可以批量卖给本公司。通过农场主计划，消费者可以再次体会到当农场主的乐趣，更可以品尝到自己辛勤培养的绿色干净的蔬菜。一种回归田园的冲动，一次品位生活的选择，一个呵护家人健康的契机。这就是绿净农场想给你带来的不同体验。

(3) 主题观光。生态农业具有优美的自然环境，是开展观光、农业体验、民俗活动的好地方（见图 1）。可通过平台加强宣传展示，发布旅游信息，增加收入附加值。生态农业主要提供餐饮接待和农产品展销服务，规划从硬件层面对其进行整体环境品位的提升改造，并就餐饮菜品等经营软层面予以创意策划，使项目更好地满足游客餐饮休闲等需求。餐饮创意策划理念，注重天然有机、绿色养生等概念。

图 1　生态农业效果图

3.2　服务

3.2.1　智慧农贸管理

智慧农贸解决方案是利用农贸市场管理系统（见图 2）。农贸市场管理系统是利用移动互联网和大数据分析技术，以农贸市场为中心，以农贸市场信息化为基础，打通农贸市场上下游信息流、资金流和物流，解决传统农产品流通领域市场信息不公开、政府信息不透明、肉菜追溯难、交易数据采集难和商户信息不能公示等问题。该系统可以帮助管理者对市场进行系统化、实时化、规范化、计算机化的管理，保障管理工作有条不紊地进行。

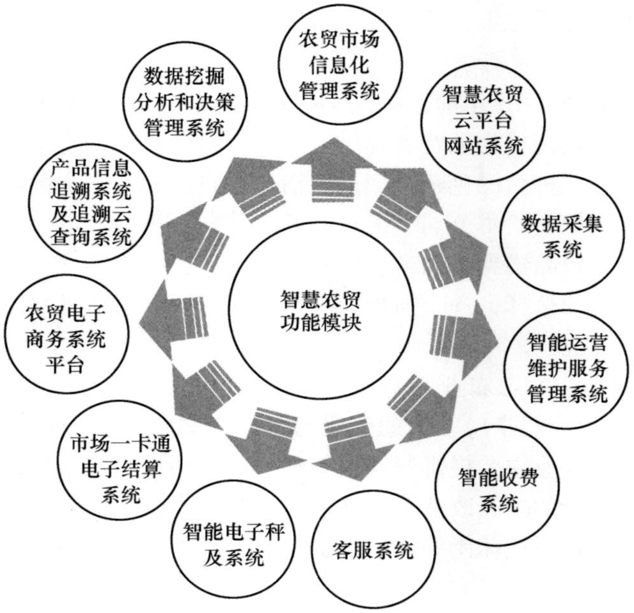

图 2　智慧农贸解决方案

3.2.2　食品安全追溯

放心市场信息查询系统，打破了传统农贸市场的单方面的弊端，更加强调农贸信息管理系统的互动性、精确性、有效性和趣味性。消费者拿到蔬菜时，通过终端设备或网络就能查看相关信息，以便放心食用。通过二维码溯源（见图 3）：(1)可将其引导至线上，直接购物下单，并可通过微信分享至全球，提高食品安全限制及消费者自我保护意识；(2)更放心购买安全农产品，提高了食品安全水平；(3)有助于消费者对食品安全监管有新的认识，从科学角度审视和评价食品安全。

3.2.3　食品安全监管

食品安全监管是利用安全监管云平台（见图 4），以监管平台作为数据中心，联合食品安全追溯、手持采样、样品检测、信息公示查询、视频监控，构建食品安全信息化监管平台，实现农贸市场检测信息化、网格化、数据化的监督管理，构建实时预报型农贸市场食品安全风险预警机制，提供数据化的监督管理决策支撑体系和考评体系。

图 3　溯源二维码打印与扫描

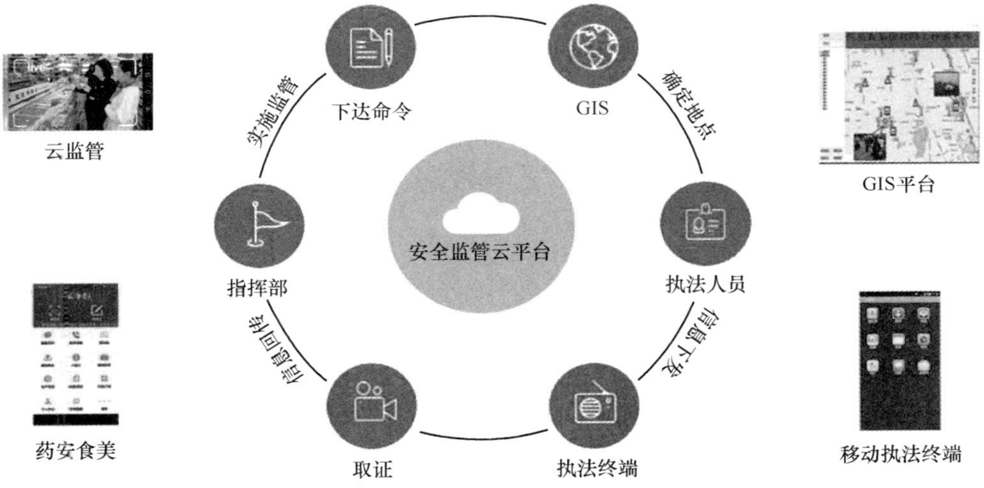

图 4　安全监管云平台

3.2.4　数据采集

智慧农贸采集系统（见图 5）通过电子秤数据采集系统、客流采集等相关系统将农贸市场各种数据采集到云端数据库，然后在系统后台就可以查看各种数据和分析，从而实现对农贸市场数据的全面掌控。

4　行业分析

4.1　市场现状分析

在快节奏生活的今天，人们的饮食和生活习惯都是快节奏的，然而这样会给

图 5　智慧农贸采集系统

人们带来心理和生理的压力，这时候农家的怡然自得的生活习惯和绿色健康食品会改善人们的生活，人们也更倾向于去改善生活质量而消费。同时我国农业互联网刚刚起步，市场前景巨大，但是有待完善。

4.2　行业竞争者分析

通过对行业竞争者进行分析，可知：

（1）全国电商进农村 756 个示范县中 67%是贫困县，许多贫困县都采取电商作为扶贫的一种方式，取得了较好的效果。阿里、京东、苏宁、供销 E 家、乐村淘、拼多多、沁坤等网站比较突出。2017 年社交电商拼多多投入 34 亿元，帮助全国农户销售 183.4 万吨农货，催生 9 亿多笔扶贫订单；在 730 个国家级贫困县，扶持起 4.8 万商家，帮助农货搭上社交电商“高铁”，带动其年销售额增速超过 310%。

品牌化帮助实现差异化竞争。品牌把自身产品与其他产品区分开来，增大品牌溢价的空间，增加消费者的忠诚度及黏性。比如产品可追溯、绿色、品质优良等。另外，品牌故事的推广，各种营销方式的宣传，精细化运营等，都是打造优质生鲜品牌的关键。

（2）同时现在很多新型农村，通过自媒体的形式展开了销路，通过直播和各种广告来推销自己的产品，这样的销售模式使得整个过程更加透明化，更容易得到消费者的青睐。

4.3　消费者分析

经过分析，消费者主要为高收入人群，此外还有高校学生和退休人员等。

(1) 主要客户：高收入人群。因为有机农产品价格偏高，要求消费者有一定的消费能力和追求高品质生活的诉求，因此我们的主要顾客定为高收入人群。这样在快节奏的生活压力下，农家的怡然自得和健康的生活将会给他们带来愉悦的享受。

(2) 高校学生。高校学生是一个消费潜力巨大的群体。他们接受了健康生活方式的熏陶，对于网络购物的生活方式也更加认可。新型农业的新鲜农产品，更多健康有益的生态娱乐项目也将会给追求新颖的年轻人带来不一样的感受。

(3) 退休人员。退休人员有大量的时间和充足的资金。退休人员大多数人对农村生活并不陌生，有一种生活情结。退休人员更需要健康的营养供给和放松的生活方式，是我们最稳定的消费人群。

4.4　生态农场的 SWOT 分析

4.4.1　优势分析

生态农场的优势分析：

(1) 专业的团队，一流的服务。本公司是一家专门从事农业与互联网合作的专业化团队，我们拥有最年轻最有活力的团队，我们以满足顾客的需要为宗旨，有一系列的后续服务。

(2) 借助物联网技术，让农产品的销售更加便利。

(3) 国家大力发展生态农业在土地资金税收。水电等方面享有其他行业所没有的优惠政策。同时国家加大对农业的扶持力度，在贷款和销路方面有很多自媒体的支持。

4.4.2　劣势分析

生态农场的劣势分析：

(1) 品牌效应尚未确立，知名度不够，缺乏管理经验。我们属于新成立的公司，公司的品牌竞争优势弱，使得我们融资渠道有限。此外，团队成员社会经验不足，处理问题的手段尚未成熟。

(2) 公司创业初期，融资较为困难。我们只能通过银行贷款，但是要支付的费用比较高，我们所能接触的融资渠道比较窄，且企业刚刚起步，信用度不高。

4.4.3　机会分析

生态农场的机会分析：

(1) 新兴行业，国家提倡支持。生态农场是现代社会发展的一种新兴产业，所以竞争不会过于激烈，就相当于是一种垄断产业，市场发展前景较好，作为一种新兴的服务产业正好迎合了当下国家倡导的低碳环保、绿色生活的政策。

（2）人们对于健康生活理念的追求。随着生活水平的不断提高，人们的生活和消费理念也在发生着改变，追求物质的同时，也在追求精神的享受，对绿色、生态、休闲的生活理念越来越重视。

以上优势都将为我们公司产品的推广提供广泛的机会。

4.4.4 威胁分析

生态农场的威胁分析：这个新兴产业尚未被大多数人们所认可，初始实施可能会导致资金中断，公司运营起来有困难。

5 营销策略

5.1 产品服务策略

5.1.1 金晖食库

5.1.1.1 方式

运用“互联网+”的商品展示和价格标准，系统地建立网上农贸市场，迅速传递农林渔牧业供求信息，帮助外商出入属地市场和属地农民开拓国内市场、走向国际市场，进行农产品市场行情和动态快递、商业机会撮合、产品信息发布等内容，并形成一套产品、销售渠道、物流、售后、完整的电商服务体系和产业链。

通过网络平台拓展农家乐发展渠道，为属地的农家乐（有地方风情的各种餐饮娱乐设施或单元）提供网上展示和宣传的渠道。通过运用地理信息系统技术，制作全市农家乐分布情况的电子地图，同时采集农家乐基本信息，使其风景、饮食、娱乐等各方面的特色尽在其中，一目了然。

其中的种植采摘直播在线展示，是生态园区动态展示、网上种植、网上下单、生态采摘、上门送货的绿色生态菜园，客户可根据需求在网上下单，线下根据客户需求采摘组成“菜筐”，根据用户所提供地址进行配送，或者划片区设置自提。此类产品兼顾客户体验和实际，菜园可以自行线下营销销售，也可通过线上店铺自营，实体店也可一体化经营相关产业，模式多样自由。

5.1.1.2 产品质量

对于收购的产品，要求在符合一系列的具体要求前提下，更符合公司本身的标准。

加工环节要求全程监控质量符合标准。

保证货源的质量。绿色生鲜要求在完全符合国家标准的前提下，再进一步保证药物残留低，有害物质少，且自然生长周期符合标准。

产品对于保鲜、保质期要求具有严格的划分标准，严格妥善高质量的处理过期产品。

5.1.1.3　包装

包装的前提：分类包装，定量包装。包装材料要去利用绿色环保可循环的材料，包装符合标准。

5.1.1.4　产品介绍

与包装相结合，粘贴二维码，扫码后与互联网平台相连接，可在线查询产品的来源、加工等信息。对产品结合权威科学资料进行简要介绍。

5.1.2　农场主计划

在业务覆盖区域进行区域科学高效划分，通过分层次、分类的划分规划，提高工作效率，扩大业务覆盖面积。

（1）客户体验区，此区域用于提供产品展销，农家乐服务，生态园建设以及日常工作等。

（2）价值扩大区域：此区域用于土地的多重形式的利用。

5.2　产品卖点分析

产品卖点分析：

（1）从环境条件来看：本公司涉及覆盖区域，生态环境良好，完全符合绿色健康可持续发展的环境要求。生态农业，绿色农业，满足大众对于科技农业的要求，满足消费者对绿色健康的向往。

（2）从科技层面来看：农村电商的发展逐渐呈相应的生态圈、生态链的发展态势，通过计算机、互联网、移动网、大数据、云计算、区块链、人机互动等现代新技术，将网站、平台与农业的产前、产中、产后联系起来，形成以平台和网站为中心的基地+农户+合作组织+厂商+农户的网上网下相互联动的生态圈、生态链关系，包括电商服务中心、电商园区、农户、合作社、加工企业、物流配送企业、金融保险机构等形成一个有机的整体。

（3）借助物联网技术，建立完善的保障体系，动动手指让生活方式变得更加简单。

（4）从绿化的生态功能分析来看：节能环保，符合绿色可持续的要求。

（5）从用户体验来看：充分尊重消费者的需求，符合消费者的消费需求。

行业的发展充满了活力与创造力。

（6）方便快捷，通过网络，符合现下便捷高效的消费需求。

5.3 产品定价策略

5.3.1 定价目标

每一个企业在市场当中，根据其处于市场的每一个周期、阶段都拥有各自的企业定价目标。而企业一般的定价目标主要有5个方面：维持企业生存、追求最大利润，追求当期的利润最大，争取扩大市场占有率，追求产品质量领先。而本公司作为一个新兴企业，目前处于成长期，其目前主要的任务是不断提高产品知名度，扩大市场占有率。因此本公司定价时应该综合考虑成本因素、市场供求、顾客需求等方面，将定价目标定为预期利润率达15%即可，以打开市场提高企业的知名度。

5.3.2 定价方法

产品的定价方法有：

（1）折扣定价策略。对于产品价格作出折扣定价，让消费者得到实惠，增加对产品的实惠感和忠诚度。定不定期对部分产品进行特价销售。

（2）盈亏平衡定价法+成本定价法。价格制定标准应具有弹性，保证收回成本的前提下，运用多种销售方式进行定价。定期制定销售额标准，采取薄利多销等策略。

（3）地区定价法。通过对消费者的群体数量调查进行分类分区域数据的统计。在不同区域结合消费者心理和消费自愿进行定价。不同地区，根据产品的综合成本进行定价。

（4）心理定价策略。针对中高档的目标消费者的便利、营养、安全等心理特征，通过整数价、尾数价、声望价(形象价)、习惯价给产品定价。

（5）需求导向定价。根据绿色生鲜的不同种类的需求弹性、需求交叉弹性的不同来确定生鲜价格的希望价格，决定提价还是降价。充分考虑生鲜的供求关系，确定生鲜的价格。

（6）新产品定价。通过对市场调查及对新产品宣传后，市场及消费者对于产品的接受情况对产品价格进行适当调整。

（7）组合定价。对产品进行组合销售，例如买一赠一，搭配购买折扣等方式进行，也可推出系列产品进行售卖。

除此之外还有竞争导向定价、差别定价等方式。

5.3.3　具体定价

5.3.3.1　“金晖食库”定价方案

结合各个地区，对不同季节和区域的产品参考市场平均价格来定价。此定价需要一个相对具体的定价细则。

5.3.3.2　“农场主计划”定价方案

“农场主计划”的定价方案见表 2。

表 2　“农场主计划”定价方案

方案	价格范围/元 · m^{-2}	维护费/元 · m^{-2}	使用期限
会员支付	199～399	99～199	一个生长周期
区域利用	299～499	199～299	一年

5.3.3.3　“主题观光”定价方案

“主题观光”的定价方案见表 3。

表 3　“主题观光”定价方案

项　目	价　格
餐饮	人均 200 元
观光	门票 50/人持相关证件半价
自助服务	参考具体价格表

5.4　产品营销策略

5.4.1　线上

5.4.1.1　互联网营销

网页图标使用统一的公司“金晖”logo，使公司理念得到充分展示，同时也起到很好的品牌效应。

网页主要功能如下。

(1) 建立网上农贸市场，迅速传递农林渔牧业供求信息，帮助外商出入属地市场和属地农民开拓国内市场、走向国际市场，进行农产品市场行情和动态快递、商业机会撮合、产品信息发布等内容，并形成一套产品、销售渠道、物流、售后、完整的电商服务体系和产业链。通过网络平台拓展农家乐发展渠道。为属地的农家乐（有地方风情的各种餐饮娱乐设施或单元）提供网上展示和宣传的渠道。通过运用地理信息系统技术，制作全市农家乐分布情况的电子地图，同时采集农家乐基本信息，使其风景、饮食、娱乐等各方面的特色尽在其中，一目了然。

（2）多元化消费触点；以农村需求为核心，全面构成 PC、WAP、App、微信于一体的终端设施，切合农村地域特色和农户消费属性，为消费者提供最为贴心的跨屏购物体验；商家自营入驻、买卖家界面分离；为商家提供独立登录界面，保障系统高性能，支持自营和商家入驻模式，助力工业品和特色农产品供应商的快速入驻，提升平台竞争力。即时配送、及时配送；依托社会库存，满足规定时间内送达要求的配送方式，应 O2O 而生的物流形态。

5.4.1.2 建立高效有序的互联网营销渠道

建立将中心基地+农户+合作组织+销售+农户相互动的系统，需要做好以下几点：

（1）做好互联网营销方案的用户分析。

（2）做好互联网营销方案的渠道分析。

（3）利用相应互联网营销策划中的网络推广的资源。

常见的互联网营销推广渠道有：

（1）社交系列（工具、媒体、网络）。

（2）百度优化系列。

（3）大数据系列。

（4）软性推广系列。

（5）综合推广系列。

（6）低成本营销系列。

（7）不确定系列。

互联网营销推广注意事项：

（1）做好充分的前期调研。推广策划与网络热点结合，想办法让别人主动找你，利用好眼球效应，想办法使推广引起受众兴趣。

（2）明确我们的推广目的：满足需求、挖掘需求、创造需求。

（3）精准定位推广目标。定位需求人群，避免资源浪费。

（4）深入了解各推广渠道的优劣。在精而不在量，活动和节日营销往往效果奇佳。

（5）选择渠道并做效果预期。时间相对合理，预留可控时间。

（6）执行过程数据分析监控。过程管理，随时关注数据，优化调整。

5.4.1.3　微营销

目前，移动通信技术以及手机持有量的增加，凸显了互联网的“微”特征，其中，代表性产物如微信、微博。公司开通了微信公众号，以及以“金晖”为名的微博，实时发布行业、公司以及产品的相关信息，满足用户希望通过手机随时发布个人的想法。通过利用传播性极快的工具进行互动获取有价值的信息，并对其进行分析，以达到精准化营销的目的。

5.4.2　线下

线下产品营销策略有：

（1）直接销售，面对面服务。

（2）网上和移动端订购，由信息中心收取订单，上门送货。

（3）网络推广：

1）链接各大网站。搜索引擎推荐；电子邮件；在线网页；分类广告；免费软件。不仅仅让城市人了解公司系统化人性化的服务，还能在全国各地逐步有知名度，以在公司发展到中期的时候吸引各个区域的加盟商。

2）在各大论坛上发帖，让更多人提出意见和建议，使公司向全民需要的方向发展。

3）各社交软件的直接推广。

（4）广告。

1）电台传播：优先考虑所在城市交通广播电台，在条件允许的情况下共同组织活动。

2）报刊宣传：与本地报纸刊物合作，推出相关报道。

3）站台、车身广告。

4）小区广告：小区宣传栏或部分小区大屏；在一些高档小区的信箱投送宣传海报，让一些忙碌的上班族了解到这个送菜上门的方便服务。

5）传单海报：以开业或者促销为主。

6）高速公路路段架设广告牌。

7）其他：与其他合作商联合印制小宣传册或附加广告（购物袋、员工服装）。

（5）新闻传播。组织活动：符合当前互联网+农业的需求进行活动组织，与有影响力的媒体进行合作树立公司形象，吸引消费者。

（6）展开各种专题促销活动。

1）活动：突出与消费者建立情感关系。比如：各种节日推出符合节日的限量优秀以及相关组合产品。组织形式多样的活动，设置相关主题。

2）会员积分优惠：消费即积分，用积分兑换商品，或进行折扣兑换。

（7）打折促销。专设一个打折促销日，或者不定期推出打折商品。

（8）赠品促销。组合模式：例如新产品的上市推广。

（9）积分促销。每个消费者都是我们公司的会员，会员采用积分制，根据积分的数量划分一定等级，分别赠送不同的奖品。

（10）联合促销。与超市、大型商场，联合通过活动或者赠送组合方式进行售卖。

（11）季节性优惠促销。对于季节性强的产品，采用优惠促销，这也符合大众消费者对于产品的季节性需求。提高销售量，也便于产品的周期性需求的统计。

6　发展战略及发展规划

6.1　发展背景

6.1.1　国际背景

21世纪初以来，为了克服常规农业发展带来的环境问题，许多国家发展了多种农业方式以期替代常规农业，如“生态农业、生物农业、有机农业”等，其生产的食品称为自然食品、有机食品和生态食品等。

尽管叫法不同，但宗旨和目的均是指在环境与经济协调发展思想的指导下，按照农业生态系统内物种共生、物质循环、能量多层次利用的生态学原理，因地制宜，利用现代科学技术与传统农业技术相结合，充分发挥地区资源优势，依据经济发展水平及“整体、协调、循环、再生”原则，运用系统工程方法，全面规划，合理组织农业生产，实现农业高产、优质、高效、持续发展，达到生态和经济两个系统的良性循环和“三个效益”的统一。

6.1.2　国内背景

我国发展生态农业的背景是：

（1）科学发展观要求进行可持续发展，要有一条长期可发展的道路。

（2）人们对生活品质的追求日趋提高。

（3）农产品的供求过剩使农业发展从数量型向质量型、效益型方向发展。

6.2　战略目标

6.2.1　销售目标

本公司的销售目标是：第一年，扩展市场，打造自己的品牌理念，吸引消费者；第二年，扩展自己的业务，使其业务多样化；第三年，进行新一轮的融资，进行跨界合作。

6.2.2　拓展目标

本公司的拓展目标是：在三年时间，形成自己的品牌，并且使纯利润达到 500 万，使其业务更加多样化（见表 4）。

表 4　2018~2020 年拓展目标

2018 年	企业起步，管理人员 4 人，工人 20 人，互联网与农户之间相互签订协议，确定合作方向，进行融资
2019 年	将公司业务细化，招聘新岗位员工，实现规模化，营业净利润逐年增加
2020 年	公司的净利润达到了年收入 500 万元，品牌在东三省内小有名气，将成为互联网加农业的典型

6.2.3　服务对象拓展

由于我们农场的服务对象是高收入人群，他们的收入决定我们的服务水平，他们的消费是我们利润来源的大部分。

国内高收入以及高收入潜在发展人群分为以下 6 类：

（1）科技企业家。无形资产要有形化，有形资产要证券化，证券资产要货币化，三化的提出，首先把科技人员的科技成果财富化了。随着公司的发展、上市，资本就可以变现，从证券资产变为货币资产。这批人今后越来越多，他们的科技成果不断增加，收入就会越来越高。

（2）金融证券行业高级管理人员。金融证券行业是一个新型的行业，也是一个报酬比较高的行业，特别是一个比较快地与国际接轨的行业。这些人高学历、高素质、高收入、高消费。

（3）外资企业在中国的管理人员。随着我国加入世贸组织，全球经济一体化速度加快。外企进入中国以后，实行管理人员本土化，而不仅是一般职工本土化，而且高级管理人员也会逐渐本土化。这批人，待遇是按照国际标准来发工资的，但他享受中国的低物价，即拿高薪享受低价的服务。

（4）中介机构专业人才。随着经济全球化，中外之间的交流会普遍增多。

比方说律师、会计师、评估师，这些人既要为国内企业服务，也要为国外企业服务。外国的中介机构收费非常高。

（5）各行各业的专家，比如说医生。因为有些人到医院去，会出高价请医术高明的专家诊治。一个手术可能收几万，甚至一二十万都可能；因为命是最要紧的，一个拥有巨资的富翁是舍得用高价请医术高明的医生的。今后会有一大批医生也可能成为高收入者。

（6）国企高管和私企个体经营户。国企本身就意味着是一份铁饭碗工作，国企高管虽不如公司老板腰缠万贯，但是和普通大众相比，那绝对是小康以上生活水平。私企个体经营户虽然承担着一定的风险，但是只要本着诚实守信，公正公平的经验理念，相比之下，也是高收入一族。

6.2.4 销售模式拓展

6.2.4.1 C2B 模式

由客户来拟定需求，我们来确定是否成交，这样也可以做到满足客户的需求。

6.2.4.2 一对一销售模式

一对一销售，针对每个客户创建个性化的营销沟通。我们将客户的特殊需要作为我们主攻方向。以顾客的需求建立数据库，进行后续的服务。

6.2.5 科学技术的拓展

（1）可视化电子地图。电子地图是传统纸质地图的模拟与发展，是可交互的多功能可视化集成地图，可以直观、生动、形象地表达地理要素实体。以动画形式重现产品的出生地、外部形态，可以使消费者更加直观的参与消费。

（2）无土栽培。它是指不用天然土壤而用基质或仅育苗时用基质，在定植以后用营养液进行灌溉的栽培方法。无土栽培中营养液成分易于控制，而且可以随时调节，在光照、温度适宜而没有土壤的地方，如沙漠、海滩、荒岛，只要有一定量的淡水供应，便可进行。

7 财务分析

7.1 融资计划

当下，“互联网+农业”的概念已经深入人心，最典型的“互联网+”模式就是智能生态农场 App 软件，通过 App 在线与商场开发商对接，还可以零卖给大众消费者。但是这一现象并不普及，现今，大部分地区仍然是传统农业，传统的农产品生产、销售都比较落后，经济来源比较单一，受多方面影响，农民处于被动阶段。因此，在现阶段，农民是社会经济中的弱势群体，农业问题颇多。相比于发达国家，其农民依靠现代化农业和地广人稀的优势基本可以通过农产品步入小康生活，走上人生巅峰，实现财富自由。智能农场App、微商城不仅仅可以打开销路，还有众多的行业资讯。由于传统养殖、种植业受到众多制约，农业比较薄弱。现在有了“互联网+”模式的智能农场App、微商城，同行经常可以通过App进行交流，对农业专家进行相应的问答，得到专家的辅助，了解更多相关资讯，打造全新的农业生态圈。

公司初始筹集资金80万元，其中银行贷款32万元，自有投资48万元（见表5）

表5　公司初始资金来源及比例

股本规模＼股本来源	银行贷款	自有投资
金额/万元	32	48
比例/%	40	60

7.2　资金需求计划

7.2.1　开办前期资金投入成本

公司开办前期资金投入成本：（1）农用土地承包：15万元；（2）办公房屋租金：3万元；（3）初期装修费用：1万元；（4）网络设备购置费：4万元；（5）办公用品购置费：1万元；（6）零星开支：1万元；总计25万元。

7.2.2　年度运营成本

本公司年度运营成本见表6。

表6　公司年度运营成本　　（万元）

项目	年度运营成本					
	第0年	第1年	第2年	第3年	第4年	第5年
初始投资	25					
土地承包		15	15	15	20	30
员工工资总额		5	5	5	15	20
水电费		2	2	2	2	2
办公费用		1	1	1	1	1
广告宣传费		8	10	12	12	10
金额合计	25	31	33	35	50	63

7.3 主要财务假设

7.3.1 固定资产

固定资产主要包括农用土地承包、办公房屋租赁、基础设施装修、办公设施等。

7.3.2 政府政策

国家扶持的农业项目扶持方式方面，充分发挥财政资金对金融资本和社会资本的引领和杠杆作用，调整和完善财政资金对农业优势特色产业的扶持方式，逐渐形成以贷款贴息为主、以财政补助为辅、财政股权投资基金等多种形式并存的多元化扶持体系。

7.3.3 成本费用

成本费用主要包括借款利息等财务费用、广告费等销售费用，以及经营管理办公费，详见运营成本（见表6）以及资产负债表（见表9）。

7.4 未来五年的财务报表

未来五年的财务报表包括利润表、现金流量表、资产负债表、净利润增长率见表7~表10。

表7 预计未来五年利润 （万元）

项 目	第一年	第二年	第三年	第四年	第五年
加：营业收入	6.529	10.684	56.258	109.884	175.201
减：营业成本	3.141	5.168	7.0895	12.315	18.027
营业税金及附加	0.418	1.626	4.327	6.507	7.883
销售费用	5	3	2	2	2
管理费用	7	5	5	3	3
财务费用	0.5	0.37	0.21	0.46	0.22
资产减值损失	0.3	0.27	0.22	0.19	0.2
一、投资收益（损失¡°-¡±填列）	0	0	0	0	0
二、营业利润（亏损以¡°-¡±填列）	-9.83	-4.75	37.4115	85.412	143.871
加：营业外收入	0	0	0	0	0
减：营业外支出	0	0	0	4	7
其中：非流动资产处置损失	0	0	0	0	0

续表 7

项　目	第一年	第二年	第三年	第四年	第五年
三、利润总额（亏损总额以¡°-¡±填列）	-9.83	-4.75	37.4115	85.412	143.871
减：所得税费用	0	0	9.353	21.353	35.968
四、净利润（亏损总额以¡°-¡±填列）	-9.83	-4.75	37.412	81.412	136.871

表 8　预计未来五年现金流量表　（万元）

项目	第一年	第二年	第三年	第四年	第五年
一、经营活动产生的流量					
销售商品提供劳务收到的现金	6.529	10.684	56.258	109.884	175.201
购买商品接受劳务支付的现金	3.141	5.168	7.0895	12.315	18.027
支付给职工的现金	5	5	5	15	20
广告费及其他宣传费用	5	3	2	2	2
支付的各项税费	0.418	1.626	4.327	6.507	7.883
支付其他与经营活动有关现金	0.3	0.27	0.22	0.19	0.2
经营活动产生的现金流量净额	-7.33	-4.38	37.6215	73.872	127.091
二、投资活动产生的现金流量					
租用或购建固定资产所支付的现金	0	0	0	0	0
投资收益（损失¡°-¡±填列）	0	0	0	0	0
投资活动产生的现金流量净额	0	0	0	0	0
三、筹资活动产生的现金流量					
吸收权益投资收到的现金	0	0	0	0	0
借款所收到的现金	0	0	0	0	0
偿付利息支付的现金	0.5	0.37	0.21	0.46	0.22
偿还借款	5	5	5	5	5
筹资活动产生的现金流量净额	5.5	5.37	5.21	5.46	5.22

由表 8 可知，由于本公司切实满足市场需求，客户量增长明显，资金回笼较快，第一年资金净流量为负值，累计到第五年资金净流量达近 130 万元。

表 9　预计未来五年资产负债表　（万元）

项　目	第一年	第二年	第三年	第四年	第五年
一、流动资产					
货币资金	25	23	18	27	69
交易性金融资产	0	0	0	0	0
应收账款	0	1	5	9	16

续表 9

项 目	第一年	第二年	第三年	第四年	第五年
流动资产合计	25	24	23	36	85
二、非流动资产					
无形资产	5	5	7	8	12
商誉	0	1	3	6	10
固定资产原值	25	25	25	25	25
减：累计折旧	0.7	1.3	2.6	3.12	5.1
固定资产净值	24.3	23.7	22.4	22	19.9
非流动资产合计	29.3	29.7	32.4	36.12	41.9
资产合计	54.3	53.7	55.4	72.12	126.9
三、负债					
长期借款	10	9	7	6	0
短期借款	9	7	5	5	0
负债合计	19	16	10	9	0
四、所有者权益					
实收资本	35.3	36	43	45	0
盈余公积	0	0	0.3	4.19	13.22
累计盈余公积	0	0	0.3	5.81	17.04
未分配利润	0	1.7	1.8	8.12	96.64
所有者权益合计	35.3	37.7	45.4	63.12	126.9
负债及所有者权益合计	54.3	53.7	55.4	72.12	126.9

由表 9 可知，经过五年的投资发展，第五年资产总额达到 127 万元。

表 10 预计未来五年净利润增长率 (%)

项目	年 度				
	第 1 年	第 2 年	第 3 年	第 4 年	第 5 年
净利润增长率	—	51.68	887.6	117.6	68.12

7.5 投资分析与评价

7.5.1 投资分析

投资回收期=（累计净现金流量开始出现正值的年份）-1+上年累计净现金流量的绝对值÷当年净现金流量，该值愈小愈好，当所求得的投资回收期不大于行业的基准投资回收期或设定的回收期时，即表明项目是可行的。

第 1 年出现净现金流量为负值，第二年就又负转正，弥补了第一年的亏损。到第 3 年累计净现金流量为 37. 62 万元。投资回收期 =（3-1） +4. 38/37. 4 = 2. 12 年。所以投资回收期为 2. 12 年。

7. 5. 2　财务评价

该项目投资回收期限为 2. 12 年，回收速度比较快，利润率逐年增长。

通过以上分析可以得出结论：该项目盈利能力较好，满足了项目投资者的需求，投资方案切实可行。我们确信这些数据和结论都是可以达到的目标，而且凭借公司领先的服务理念、完善的管理体系、周到人性化的服务、精湛专业的技术，本公司计划设定的目标也是完全切实可行的。因此，我们有理由相信，这是一个非常有吸引力并且非常有发展前景的项目。

8　风险分析

8. 1　风险因素

“互联网+”产业的迅速崛起使其成为经济最有活力的增长点，成为社会财富以几何级数增长的主导力量。互联网技术广泛的渗透和关联带动作用，使得今天的工业化越来越离不开互联网络技术的支持，互联网络技术已经成为工业竞争力的关键因素。互联网产业作为可以带来高额社会效益和经济效益的高收益产业，与其相对应的高风险则会给社会和经济带来严重的破坏和打击。农业产业的传统风险与互联网产业风险经过相互作用，可互相扩大和刺激现有风险，增加了对整体产业链的破坏程度。目前分析，互联网与农业产业融合主要风险体现在以下几个方面。

（1）互联网信息数据安全性和正确性。

2016 年 1 月，360 互联网安全中心出品《2015 年度中国网站安全报告》显示，在被调查的网站中 43. 9%存在安全漏洞，一年或有 55 亿条信息因这些网站漏洞而泄露，国内网民人均有 8 条个人隐私被盗，从 2011~2014 年，已确认被泄露的我国公民个人信息就多达 11. 27 亿条。

大数据时代信息作为新的生产元素，自然而然拥有其他生产要素不具备的高价值和高风险性。伴随着互联网产业技术的发展，信息数据泄露开始呈现常态化趋势，而农业产业链的信息泄露对于产业链上下游的从业者会有着极其恶劣的影响。

农业产品生产者本身作为对新兴互联网了解和掌握能力甚微的群体，可能对于信息泄露的后果和严重性没有一个明确的定义，由于泄露造成的后果会对农业产业本身以及社会都造成不可预估的损失和破坏。正确的信息对于农业生产有极大的促进作用，能够提供指导性的意见和先进的生产方式技术，而错误的谣言类信息伴随着互联网产业规模的扩大和传播渠道的增加对于产业的危害是极其严重的。

从农业产业链的上下游角度分析，错误信息会从对农产品的生产与销售环节开始产生直接破坏，错误的需求取向信息会带来错误的生产决策和销售策略，然后对农业产业链的上游生产也同样造成破坏，并且农业产业链各个环节之间生产关系紧密，上下游联动性巨大，因此伴随着产业链各个环节相互作用和互相刺激，其破坏力会呈现几何级数的增加，可能会对单一产品生产链逐渐升级和对多产品交叉的大范围、高延伸整体性影响，最终会对一个地域的农业产业链都造成严重的破坏。

因此，随着互联网产业的规模扩大以及与其他产业融合，保护互联网使用者的个人信息以及避免谣言类信息的传播成为问题的重中之重。“互联网+农业”产业链中各个生产过程所要求和使用的信息数据总量巨大，同时产业的生产者和消费者对于这些信息的变化处于一种较为敏感的状态，如生产信息、市场需求信息、政策环境影响、自然灾害预报等信息数据的微小异常变化都有可能引起市场供需双方状态出现大幅度波动。信息数据的异常同样导致传统农业产业从事者对与“互联网+农业”产业融合产生不信任的心态，阻碍产业结构调整和升级。

（2）“互联网+农业”市场风险。

根据《2014~2015年中国农产品电子商务发展报告》数据，95%的农产品电商企业亏损，持平的有4%，能盈利的只有1%，众多一开始上线引起关注的农产品电商企业运营时间不长就下线。传统农业的市场风险问题，在与互联网产业融合后，借助互联网产业的高渗透性和传播时效性，不稳定性也成几何级数扩大。互联网技术的发展能够提供解决传统农业市场的信息不对称问题和因为行政体制问题导致区域市场的有力办法。同时，伴随着传统农业风险的有效处理，“互联网+农业”产业新风险是整合两个行业特性而出现的，信息传播时效快和信息传播畅通的市场有可能导致不同区域市场拥有一定统一性的行为，然而当不同区域市场的发展情况、生产方式、产业环境、历史条件和资源配置都不尽相同，统一性的行为很大可能会凸显不同区域市场的农业发展差距。对于农产品的生产者，如果仅仅遵照互联网产业提供的具有指导性和统一性的农业产业信息，就会带来忽略关乎本区域合理生产的可能性，从而影响区域的农业产业链的发展和升级。

长远分析，“互联网+农业”产业融合在市场信息整合方面，交杂的各方信息都会对农业产业链各个环节产生影响，而农产品的生产者作为信息接收者，信息辨别能力水平有限，时时变动的市场信息会带来生产决策的犹豫，错误的生产时机、错误的生产决策、错误的生产资料整合等都使农业产业的生产者由于复杂多变的市场信息而无法做出正确的决策。从农业产业链角度分析，作为产业链中游的农产品生产者的错误生产决策会同步向产业链的上下游传递错误信号，同时通过互联网将错误生产信号扩散出去，形成错误信息传递的恶性循环，市场如不能及时自发调节供需关系，错误信息循环会对整个农业产业的产业链从投资、生产、出售等各个环节开始逐级地带来不良影响和破坏。

（3）“互联网+农业”发展固化风险。

互联网产业与农业产业融合可以将传统农业产业链效率低下和区域分散的问题解决，然而现阶段，普遍存在的电子商务模式在具体实施方式方法下略有不同，但其实质内涵拥有的是相同的方式和手段，如市场需求信息、构建电商平台扩大销售渠道、龙头企业牵引、统购统销、根据市场需求调整生产计划和决策。虽然“互联网+农业”整体发展状况良好，投资增加，但已经体现一定的固有单一发展模式迹象，行业雷同生产者过多，投资方式趋同，重复建设过多，产业发展模式单一，长期发展方向迷失。

现阶段，普遍实行的产业模式在解决农业产业链中下游衔接过程中的效率问题起到明显的作用，然而却增加农业产业链下游至产业终端消费者“最后一公里”的问题，各个电子商务平台主要处理农产品的销售渠道问题，对于销售过程中的运输问题，如农产品的保鲜、运输的时效、运出成本，除去像阿里和京东可通过自己生态产业圈的物流系统进行运输，其他企业与运输公司合作就会提高运输成本，无法保证运输质量，致使农产品的生产者利益受到损害，“互联网+农业”产业发展环境会逐渐提高行业的准入机制，对于关乎民生大计的支柱性产业，寡头和垄断机制的形成会导致严重的社会问题。

8.2　防范措施

（1）规范信息数据分享，加强法律条例建设。

对信息数据的分享保持信任，是“互联网+农业”产业对于传统农业产业从事者做出的保证。通过加强各大电商平台的数据库维护和安全构建工作，从农业产业链的上中下游各个环节入手，与 IT 行业厂商合作开发保密性更好和对于农产品生产者更加包容的智能软件，在信息数据开始收集的时候，就对隐私信息进行加密和保护，分对象、分时间的公布信息内容，形成市场信息透明化，隐私信息保密化的局面。对于传播的市场信息，各地域发展应该拥有统一的信息分析机构，集中收集分析与本地域农业发展有关的信息，帮助农产品生产者辨别信息来源与真实性，然后将合格信息公布出去，供产业链上游和生产者做出决策，再将生产资料信息、生产信息公布于需求市场，逐渐改变需求主导市场，调整供给需求平衡。

规范制定互联网产业法律条令，严格通过互联网技术传播信息数据方式方法，严厉惩治非法传播隐私信息行为，与各大电商平台合作保护隐私信息的传播，保护生产者和消费者合法权益。

（2）改变传统生产方式，减小需求引导市场影响。

“互联网+农业”的产业融合包括将传统农业生产方式与互联网技术融合，产生智能化的农业生产方式，政府与企业共同合作，引入高新技术农业生产企业，通过龙头企业作用带动地域改变产业生产方式，利用智能化 IT 信息技术结合设施、设备来指导农业预测、实施生产。以农业专家系统为核心，在计算机或其他智能终端上以形象、直观的方式向使用者或政策制定者提供各种农业问题咨询服务。将传统农业生产方式与互联网技术融合，通过高新技术升级农业生产模式，然后通过互联网传播生产信息于产业链终端的消费者，通过尽可能详细的农产品信息改变消费者需求方向，改变消费者消费习惯，逐步将供给方信息成为能够与需求信息拥有相同地位，“互联网+农业”产业在大数据时代仅仅根据瞬息变化的市场信息安排生产决策，又因农业生产的周期过长，必然会导致生产模式的单一和固定，无法对突发市场情况做出相应改变。

（3）扩大产业规模，创新发展模式。

传统产业的农业主要是生产为主，而随着市场需求的改变，服务型产业是产业结构升级的目标，而农业作为关乎民生的传统产业，运用互联网技术将生产者与消费者的沟通渠道有效地建立，研究开发农业软件，与智能化农业结合，直接将生产信息公布，根据市场需求导向，消费者信息的反馈就是将需求信息反馈，生产者根据需求信息的变更来改变生产决策，需求和供给可以同时给市场信号，调整供需关系。创新发展模式拓展了“互联网+农业”产业的发展潜力，不仅仅局限于生产的格局，将传统农业产业链全面升级与拓宽，形成上下游一体的生产模式，促进“互联网+农业”产业的发展模式。

松鹤轩综合疗养集团

段唱唱　王全坤　蔡和来　裴世文　赵　文

摘要：松鹤轩综合疗养有限责任公司拟成立于 2018 年 12 月，注册资本 200 万元。

随着中国人口老龄化进程的不断加快，老龄人口的不断增长，我国正在经历着世界历史上规模最大、速度最快的老龄化过程。中国人养老问题越来越多地得到了政府、社会、老百姓、企业等各方面的重视。国家层面几乎每年都有政策或法规出台促进养老服务发展。另一方面，随着家庭养老功能的减弱，而现有社会保险养老、社区养老等养老方式不管从量上还是质上都无法满足现在的养老需求。而松鹤轩综合疗养项目正是基于以上社会发展方向和市场趋势，结合辽宁地区政府针对老年人养老的问题提出的概念和政策而进行的研究探索。目的在于找出一条适合辽宁地区乃至全国各个地区养老院发展，并且具有可行性的方案。

根据全国老龄工作委员会预测，从现在到 21 世纪末，中国人口老龄化发展将进入三个不同的阶段。

其中，从 2015 年到 2035 年，为急速发展阶段，老年人口从 2.12 亿增加到 4.18 亿，年均增长一千万人左右，老年人口占比由 15.5%提升至 28.7%。

而截至 2017 年年末，辽宁省户籍总人口为 4232.57 万人，60 周岁及以上户籍老年人口为 958.74 万人，占总人口的 22.65%，辽宁省已经步入了深度老龄化。辽宁省 65 周岁及以上户籍老年人口为 608.17 万人，占总人口 14.37%。一般认为，当一个国家或地区 65 岁及以上老年人口数量占总人口比例超过 7%时，就意味着这个国家或地区进入了老龄化，比例达到 14%即进入深度老龄化，20%则进入超老龄化。

报告中还指出，中国的人口老龄化与高龄化、失能化、空巢化、少子化“四化并发”，给应对人口老龄化增加了新难度。2017 年报告中显示，在老年人健康状况不断改善的同时，仍然有 18.3%的老年人处于失能、半失能状态，总数达 4063 万人。老年人的家庭环境不适应老年人身体状况变化的超过了 6 成。此外，民政部下属研究机构中民社会救助研究院发布的《中国老年人走失状况调查报告》显示，每年全国走失老人约有 50 万人，平均每天走失约 1370 人。失智和缺乏照料成为老人走失的主因。因此，老龄化问题与养老问题必将持续存在，并可能继续恶化。

本创业计划书阐述了松鹤轩综合疗养项目概况，明确了其盈利模式、核心竞争力，并通过前期调研分析了松鹤轩综合疗养院面临的宏观环境。同时分析了客户需求特征及竞争对手的优劣势，明确了松鹤轩综合疗养项目的市场定位，服务、促销、价格等营销策略。在运营计划里介绍了组织架构、管理团队，根据公司生命周期理论阐述了不同发展时期的运营战略。最后对松鹤轩综合疗养项目计划进行了五年的财务预测与分析，并对执行计划做出总结概要。

通过调查研究我们认为，松鹤轩综合疗养项目符合未来中国机构养老市场的发展方向。其优势在于根据各个地区养老政策与自身创新养老概念打造自己的商业模式。医养并重，互相促进，着力打造老年人的健康管理，满足老年人的心理需求，帮助入住老人以健康科学的方式生活。松鹤轩综合疗养项目追求达到养老院和老人之间最适合老年人养老生活的平衡点，在有限的资源下，让其获得最大的生活享受。同时满足老年人对于养老和疗养两大需求，提高老年人在松鹤轩综合疗养院养老时的生活体验和生活质量。我们对于松鹤轩综合疗养院的目标客户进行准确的市场定位，以满足大部分老年客户的要求。公司的最大特色是通过自己的手工工坊和与高校联合举办的兴趣班让老人们亲自动手制作彩砂画、陶艺等工艺品，寓教于乐，提高老人的动手实践能力，延缓其脑力与智力的退化，丰富老人的业余生活，并促使其身心健康；同时，通过与学校师范等专业一起举办的养生与技能大课堂，让老人们活到老，学到老，还创新了服务形式，建立服务银行，通过公司发单与学校同学抢单的方式换取积分（积分可兑换现金）降低成本等。

1　公司概况

1.1　项目概述

松鹤轩综合疗养项目立足于当下热点问题——人口老龄化，人口老龄化已经成为我国一个极为严峻的社会问题，严重影响着我国社会、经济等各方面的发展。总体来看，人口老龄化问题成因复杂，一方面，计划生育政策的实行使我国人口的生育率降低；另一方面，由于社会经济的快速发展，人民生活水平不断提高，老年人有了更好的养老条件；此外，由于现代医学水平的进步，老年人的平均寿命有了很大的提高。诸多因素导致我国新生儿逐渐减少，青壮年人口数量减少，而老年人口比例不断上升，造成日趋严峻的人口老龄化问题。

而随着高校毕业生就业压力的逐年增加，高等院校必须转型发展以满足社会发展需求。根据国家和辽宁省引导地方高校转型发展的指导性意见，学校坚持服务区域经济社会发展、服务区域产业振兴理念，深入推进学校转型发展并取得了良好成效，动手能力强、综合素质好的高层次应用型人才培养特色愈加鲜明，开设本科专业 66 个，涵盖了经、法、教、文、史、理、工、农、管、艺 10 个学科门类，各类在校生 1.7 万余人。公司建立初期可以充分利用我校现有专业与社团，以我校大学生为主进行校企合作，为相关专业大学生提供难得的实践机会，间接促进我校转型发展。

本公司要求老人入住时先通过身体状况评估，主要是我们更多地考虑到老年人的精神和文化生活，服务的多元化，让老年人的业余生活有更多的选择。

1.2　项目背景

1.2.1　2018 年中国人口老龄化现状分析

2017 年年末中国大陆总人口（包括 31 个省、自治区、直辖市和中国人民解放军现役军人，不包括香港、澳门特别行政区和台湾地区以及海外华侨人数）139008 万人，比上年年末增加 737 万人。从年龄构成看，16~59 周岁的劳动年龄人口为 90199 万人，占总人口 64.9%；60 周岁及以上人口 24090 万人，占总人口的 17.3%，其中 65 周岁及以上人口 15831 万人，占总人口的 11.4%。2005~2017 年中国 65 周岁及以上人口数量趋势及出生率分别如图 1 和图 2 所示，2008~2017 年中国新生人口数量及增速如图 3 所示，2007~2020 年中国 60 岁以上人口数量及占比如图 4 所示，2008~2017 年中国人口数量及增速如图 5 所示。

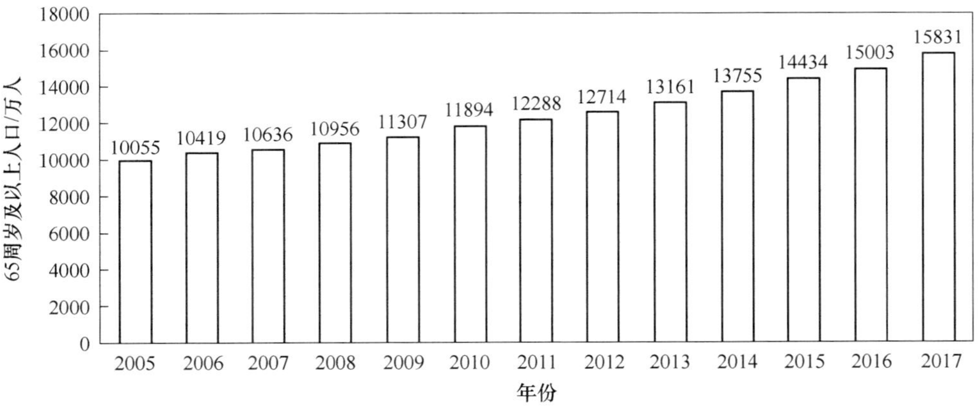

图 1　2005~2017 年中国 65 周岁及以上人口数量走势

（数据来源：国家统计局）

2017 年全年共出生人口 1723 万人，比 2016 年减少 63 万人。同时，老龄化程度继续加大，60 岁以上及 65 岁以上老人占总人口的占比都有明显上升。

中国人口的老龄化程度正在加速加深。2017 年，全国人口中 60 周岁及以上人口为 24090 万人，占总人口的 17.3%，其中 65 周岁及以上人口为 15831 万人，占总人口的 11.4%。60 周岁以上人口和 65 周岁以上人口都比上年提高了 0.6 个百分点。预计到 2020 年，老年人口达到 2.48 亿，老龄化水平达到 17.17%，其中 80 岁以上老年人口将达到 3067 万人；2025 年，60 岁以上人口将达到 3 亿，

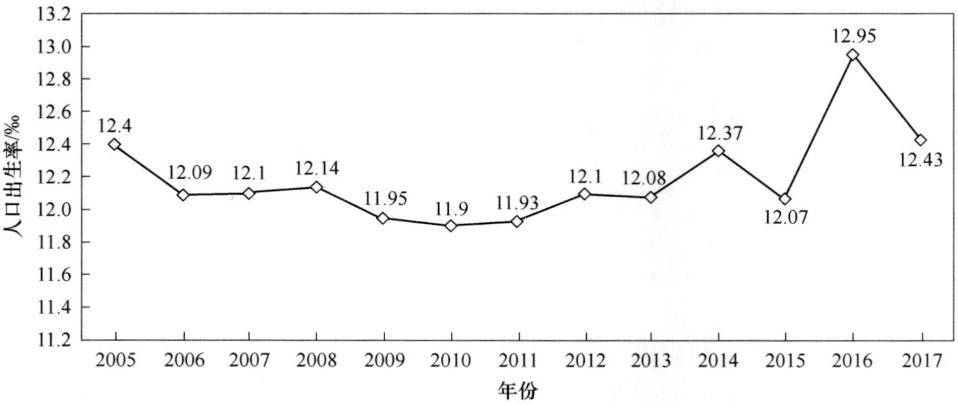

图 2　2005~2017 年中国人口出生率走势图

（数据来源：国家统计局）

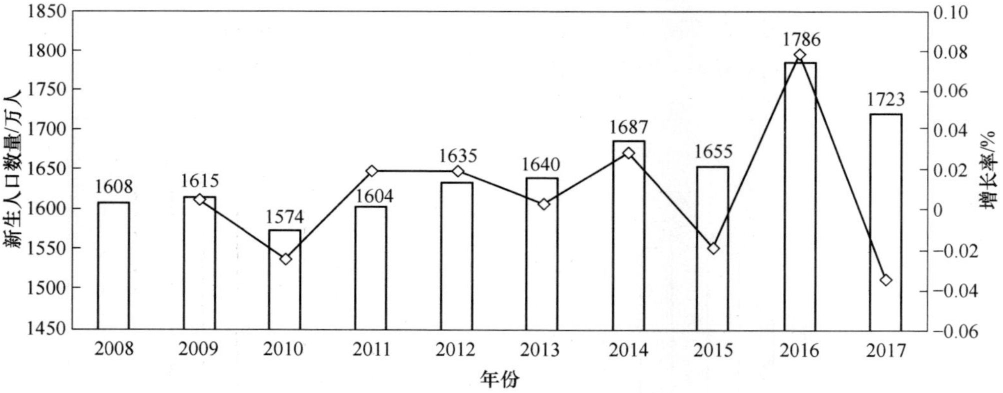

图 3　2008~2017 年中国新生人口数量及增速

（数据来源：国家统计局）

成为超老年型国家。考虑到 20 世纪 70 年代末，计划生育工作力度的加大，预计到 2040 年我国人口老龄化进程达到顶峰，之后老龄化进入减速期。

1.2.2　2018 年辽宁地区老龄化现状分析

据《辽沈晚报》报道，截至 2017 年年末，辽宁省户籍总人口为 4232.57 万人，60 周岁及以上户籍老年人口为 958.74 万人，占总人口的 22.65%，辽宁省已经步入了深度老龄化。

据沈阳网报道，截至 2017 年年末，辽宁省 65 周岁及以上户籍老年人口为 608.17 万人，占总人口的 14.37%。一般认为，当一个国家或地区 65 岁及以上老年人口数量占总人口比例超过 7%时，就意味着这个国家或地区进入了老龄化，

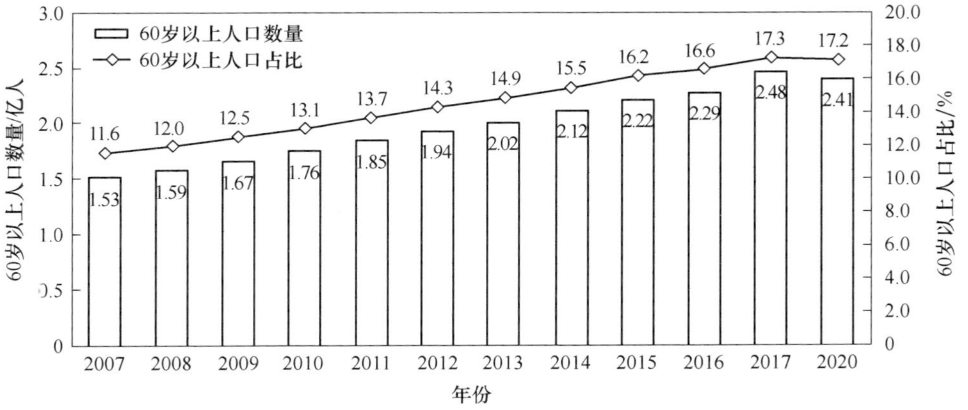

图 4　2007~2020 年中国 60 岁以上人口数量及占比

（数据来源：公开资料整理）

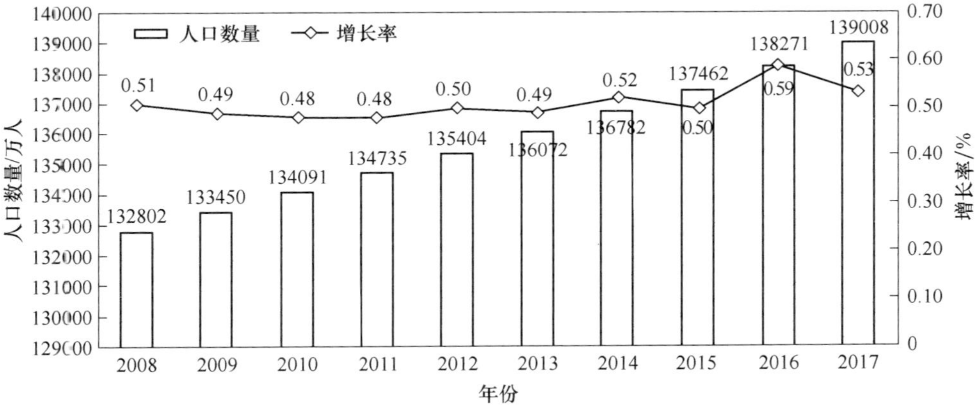

图 5　2008~2017 年中国人口数量及增速

（数据来源：国家统计局）

比例达到 14%即进入深度老龄化，20%则进入超老龄化，由此可知，辽宁省已进入深度老龄化。

《辽沈晚报》报道称，与全国老年人口 2.4 亿人，占总人口 17.3%相比，辽宁省老年人口比全国高出 5.35 个百分点，老龄化程度持续升高。与 2016 年相比，老年人口增加 33.48 万人，增长率为 3.62%。相比上一年 5.3%的增长率来看，辽宁老龄人口增幅有减慢的趋势。但是，从年龄构成来看，辽宁低龄、高龄老年人口在急剧增长，尤其是百岁老人一年增加了 131 人。

2018 年 6 月 29 日，辽宁省老龄办在公布的《辽宁省 2017 年老年人口信息和老龄事业发展状况报告》中透露了上述数据。

（1）低龄、高龄老年人口急增。

报道称，从老年人口年龄构成看，截至2017年，辽宁省60~69周岁低龄老年人口占老年人口的60.37%，高达578.79万人，年净增加29.84万人；70~79周岁老年人口255.36万人，占老年人口的26.63%，比上一年增加了2.23万人；80~89周岁老年人口111.39万人，占老年人口的11.62%，比上一年减少了0.13万人。90~99周岁老年人口13.02万人，占老年人口的1.36%，增加了1.53万人。100周岁及以上老年人口1820人，占老年人口的0.02%，百岁老人增加了131人。

由此可以看出，辽宁的低龄、高龄老年人口呈现快速增长的趋势。全省80周岁及以上高龄老年人口为124.59万人，占老年人口的13.00%，比2016年增加1.42万人。尤其是百岁老人方面，2017年年末，百岁老人共有1820人，较2016年年末增加131人，而2016年只比2015年增加了34人，据省老龄办解释，这也与医疗水平不断提高，寿命不断被延长有关。

（2）老年女性比男性多近50万人。

从性别占比来看，全省958.74万老年人口中，男性老年人口为455.97万人，占老年人口的47.56%，女性老年人口为502.77万人，占老年人口52.44%，也就是说，女性老年人比男性多出近50万人。

在百岁老人中，男性624人，女性1196人，男女比为1∶1.92。同时，全省还有3对百岁夫妻。

（3）一成老人失能或半失能。

从老年人口健康状况来看，全省老年人口中健康人数为502.51万人，占老年人口的52.42%；患有老年慢性病人数为276.53万人，占老年人口的28.84%；患其他疾病人数为179.70万人，占老年人口的18.74%。失能老年人口43.66万人，占老年人口的4.55%；半失能老人66.51万人，占老年人口的6.94%。

辽宁省有超过半数的老人都是健康老年人，与2016年的全省共有480.8万健康老人相比，增加了21.71万人。“由于现在医疗保健水平的提高，老年人的生活质量也越来越好了，健康的老人也越来越多了。”省老龄办相关负责人解释道。

沈阳市老龄办主任关赞梅在论坛上提出，预计到2019年沈阳市老年人口突破200万人，占总人口的25%，我市将进入重度老龄化社会。从2027年开始，我市人口老龄化和高龄化将进入高峰期，这个阶段将持续10年，之后从峰值下行。沈阳市进入老龄化比全国提前7年，达到老龄化高峰期也将比全国提前8年。

1.2.3　辽宁地区老年人生活现状分析

辽宁省城乡老年人群生命质量出现的差异，主要与经济收入、饮食习惯、体育锻炼、心理状态、文化水平及生活条件等诸多因素相关。城市老年人群由于退休后收入较多，且对子女的依赖程度小，以及体育锻炼的环境及设施完备，加之受教育程度较高，有较好的饮食习惯和生活心态，导致其生命质量总体高于农村。因此，对于改善老年人群的生命质量提出以下几点建议：

（1）完善养老机制及医疗保险制度，从经济上保障老年人对自身健康的投入。

（2）加强农村基础设施建设，完善健身设施，丰富娱乐生活，营造良好而健康的生活氛围。

（3）无论是城市还是农村，从观念入手，提高其健康意识，注重养生与保健，提高整体的生命健康质量，增添其晚年生活的幸福感。

辽宁老龄人口的“空巢高龄化”现象十分严重，单身独居的老人不断增加。由于生计方式和人口流动的要求，家庭结构的空巢化成为比较普遍的现象。辽宁省现有空巢老人273万多，占全省60岁以上老年人口的42%，其中独居老人55万，与配偶居住的约213万。其中，80岁以上的高龄老年人达到90多万，占老年人口总数的14%以上。党的十七大已将“老有所养”作为社会建设的重要部署，养老已成为紧迫的有重大意义的民生问题。

1.2.4　辽宁地区老龄事业发展的难点问题

1.2.4.1　养老机构缺乏

辽宁省的养老机构的数量相对于医疗系统整体设施的水平来说，是缺乏的，硬件设备的条件也较落后。老年护理床位占床位总数的比例不到3%，养老机构的总占地面积也不足卫生机构占地面积的1%。当下，辽宁省的养老机构大多由社区卫生服务中心改造或是兼顾，其房屋大多为租赁处所，没有完善的医疗设备，并没有达到老年养老的硬件水平。虽然有一批针对老年人的养老院、护理站、医疗中心、康复中心、临终关怀机构等，但在数量上远不能够满足日趋增多的老龄人口。

1.2.4.2　缺乏财政支持

经济基础是发展老龄事业的基础保障，而在当下的辽宁省财政支出的各项款项中并没有专门针对老龄事业工作的专项资金。日前要对养老、助老工作给予一定的经济支持，需要从政府民政部门的年度财政计划中申请专项拨款。由于缺少政府的财政支持导致养老、医疗保障等问题上的福利待遇不完善，城乡老人之间的福利差距甚大，没有给予特殊老人特殊扶持，所提供的经济补助无法满足老人物质需求。此外，由于当前的老龄化问题资金来源较为单一，导致政府的经济源头一旦封闭，老龄化业就会停滞不前。

1.2.4.3 高素质养老服务人才短缺

目前，全国养老服务事业的发展缺乏具有专业养老知识的人才，养老服务人员的结构不合理、流动性较大。辽宁省养老事业也不能例外，从业者大多是文化水平较低的人员或是退休的中老年人，他们在专业疗养知识和实践技能上都缺乏专业的培训，并没有通过职业资格准入证。此外，该行业从业者的收入水平较低，社会地位较低，工作的价值认同感不强，导致愿意从事该行业的人少之又少，更别提有高素质人才愿意投身养老服务行业了。

1.3 公司基本信息

（1）公司名称：松鹤轩综合疗养有限责任公司。

（2）注册时间：2018 年 10 月。

（3）注册资本：200 万元。

（4）公司类型：营利性有限责任公司。

（5）公司宗旨：老有所养，老有所享，老有所用，老有所为，老有所乐。

（6）公司选址：公司选址在沈大社区，（见图 6）该地段非常优秀，附近有两个较大医院，一个是中国医科大学第四附属医院，另一个是市第十人民医院，便于利用其优质的医疗资源为我们服务，老人在疗养院已经有了初步体质和医疗监测，如发现较大的突发严重疾病也可及时送医，选址毗邻洮昌公务员小区和锦联左岸小区等小区，初期老人来源可在附近小区选取，子女在附近的话也可对老人进行心理安抚，老人也不会缺少家庭关怀。毗邻沈阳大学，可以建立校企结合机制，与学校各专业实践教学相结合，作为音体美等专业学生的一个实践实训基地，为学校转型发展助力，也可以利用其校园优势。前期护理员工也在校园内选取，节省人力开销，也能增加学生实践技能，也方便了实习的学生或是志愿者来回跑，不影响学习，实现双赢。附近也有几个较大的公园，如枫露公园和北塔公园，还有一个大东区广场，可以供老人休闲活动。

（7）股东概况：公司员工股份 75%，吸引 2 到 3 家风险投资商入股，股份占 25%。

1.4 公司主营业务

公司的主要目标客户可分为 4 类：

（1）家境富裕，儿女不在身边，需要有人照顾的老人。

（2）享受政府福利的孤寡老人，这里主要是伤残军人等。

（3）家庭矛盾激烈，子女就赡养义务产生分歧，被迫入住养老院的老人。

（4）开明的，不愿意给子女增添麻烦，向往晚年自由的老人。

首先，第一、第四类老人我们暂且归类为我们的高档客户，针对这类客户我

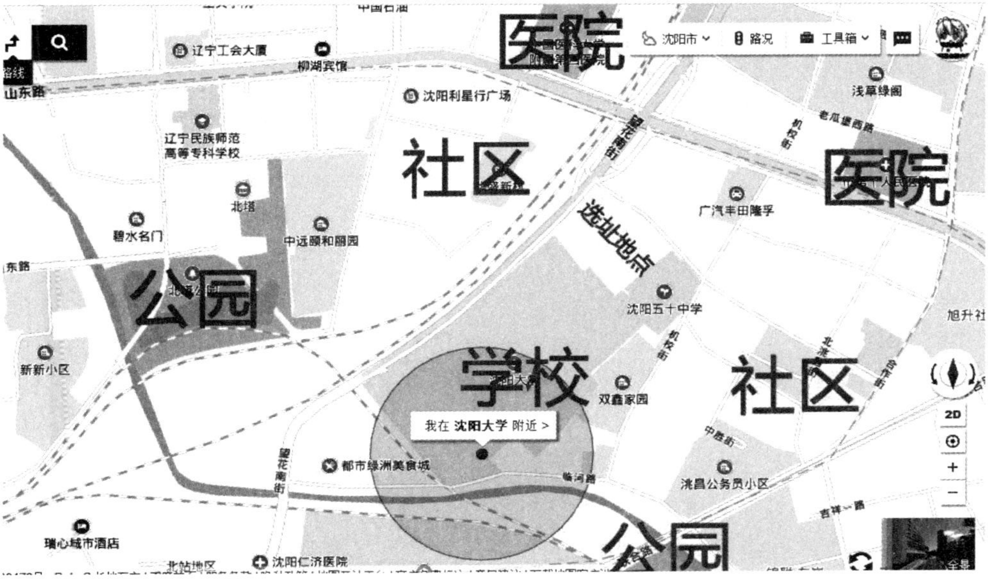

图 6　公司选址

们推行“500 元 7 天 6 夜试住计划”其余部分的老人一般可分为以下两种：

（1）第一种是自己生活富裕，有一定的知识水平，对生活质量等方面有一定的要求，对于养老的需求更偏向于“享受型”。对于这类老人我们可以提高住房标准，提供全套的护理服务。

（2）第二种是子女比较有经济实力，给老人提供了很好的晚年生活条件，但子女一般工作比较繁忙，无时间照顾老人，又想老人晚年过得比较幸福。对于这类老人，基本上是属于老人没有太多的要求，子女对服务质量更加的看重。针对这些高端的客户，我们让老人以极其优惠的费用在养老院试住（含食宿、基本护理），针对有需要的客户老人的家属或亲友可以一同试住，陪同者试住收费与老人相同。让老人与亲友一同体验我们一站式的服务。让他们感受养老院愉快的气氛，享受这种大家庭的丰富生活，让他们觉得在这里安度晚年也很不错。

1.5　公司发展规划

1.5.1　制订战略，明确目标，实现公司可持续发展

“物竞天择，适者生存”，市场不同情弱者。在当前市场经济秩序已经基本建立和完善的大好环境下，根据辽宁地区养老政策，结合本公司目前的实际情况，必须很好地明确公司发展的近期、中期、远期目标，从而突出各阶段工作的重点。一步一个脚印，使公司能更好地适应市场的变化，避免发展中的大起大

落，实现公司可持续健康发展。高起点绘就公司发展蓝图，长远的具有前瞻性和可操作性的发展战略规划，能够对我们公司的发展起到很好的指导性作用，同时，也能提高公司的凝聚力，使员工自觉融身于公司的发展目标中，群策共力。鉴于此，我们已对辽宁省养老政策进行了深层次的了解，为公司未来发展进一步理清思路，明确目标，突出重点。

1.5.2 突出主业，多业并举，向多元化发展

目前甚至将来一段时间，公司基础设施投资规模较大，且同时应看到公司哪方面受国家的宏观养老政策影响较大，市场管理还不尽规范，为赢得良好的发展机遇，提高公司的抗风险能力，有效化解市场风险，将其做强做大，形成品牌优势，同时向其他养老产业领域延伸，具体有如下设想：

（1）利用各种手段宣传自己。公司要开发科技含量高、经济效益好的新运营模式，努力做到“人无我有，人有我优”，形成公司核心竞争力。

（2）在公司业务的扩展上要开拓视野，主动出击。发挥专业陪护优势，给用户提供满意的养老服务。扩大影响，提高知名度，提高市场占有率，形成公司主要的经济增长亮点。

（3）积极扩展业务，积极创造条件，时机成熟时，完成公司资质的升级工作，以争取更大的业务，形成公司主要经济增长点。

（4）可利用原始积累的资金以及原有公司的资源，向医疗方向延伸；搞休闲疗养开发。多方位经营的措施能够为公司提供更为广阔的发展空间，充分提高公司抗风险能力。

1.5.3 基于公司战略及业务发展的公司内部管理实施方案

1.5.3.1 实施人才战略，缓解和消除公司发展的“瓶颈”

公司人员面临的主要问题是，有丰富护理经验的技术人才少，能独当一面的人才少，高素质管理人才少，公司要发展，光靠目前的人员显然不够，市场的竞争实际是人才的竞争，因此，要在做好公司现有人员素质情况调查的基础上，认真分析公司人才结构，根据公司未来发展需要，制定公司培养人才的实施计划。要改变用人观念，大力加强人才的引进和培养，在用好公司现有人才的基础上，对公司目前急缺的人才靠引进和聘用来解决，同时加强新来陪护人员的培养力度，做好人才储备。

A 人才来源

（1）制定措施，借才来用。经济管理等人才，请他们到公司兼职，充分发挥他们的聪明才智，最大限度地为公司所用，满足公司近期人才需求。

（2）招贤纳才，网罗公司发展专业人才。根据公司发展战略，适时调整用

人政策，招聘护理专业高级护理师，为公司技术负责人以及专业人才优先在辽宁等地区的人才招聘会上，招聘公司急需专业的大学生，充实公司的技术力量满足公司长期人才需求。

（3）立足岗位，加强培养。在做好引进人才的同时，根据我公司目前发展现状，还应注重公司现有人才的培养，调配和有效利用现有的人才资源，挖掘现有人才的聪明才智，扩展其才能，提升其进一步为公司发挥智力的积极性。要鼓励其立足本职潜心学习，主动帮助其解决有关实际问题；对现有人才中具有一定实践经验有培养前途的，要创造条件把他们送到有关院校进行专门的理论培训，进一步拓宽其知识面，尽早将其培养为公司自己的高级专业人才。这是我公司降低成本，提高经济效益的有效途径。对新来的大学生，大胆使用，给他们压担子，使其早一点成长为高级人才，满足我公司长期人才需求。

B　人才管理

（1）建立人才激励机制，使人能尽其才。公司参与市场竞争，要生存，要发展，离不开稳定的人才队伍，因此在人才的使用上，要建立一整套“事业留人，感情留人，政策留人”的用人奖惩机制。公司要尽力解决他们的后顾之忧，生活上多关心，营造一个尊重、和谐、进取的环境，让他们去发挥、去创造；让员工参与到公司管理中去，充分发挥员工的聪明才智，调动积极性，实行自我管理。

（2）鼓励学习，不断提高。随着建筑市场各种管理法规的不断完善，对人才的要求越来越高，公司要建立奖励制度，鼓励员工积极学习，考取适合公司发展的各种执业资格。为赢得市场做好人才储备。

（3）待公司新招聘的人员到岗后，公司要制定措施，定编定岗。在工作中鼓励竞争，对于公司内部少量文化程度低、专业不对口、出工不出力的人员，调离现有管理岗位，充实到生产一线。

通过以上措施，可尽快缓解公司专业人才缺乏的紧张局面。并形成一批经营管理专业合理、业务精湛的人才力量，使公司形成一种积极向上、尊重知识、尊重人才的良好氛围，有利于优秀人才的健康成长。

1.5.3.2　调整公司内部机构设置，灵活应对市场变化

公司现行的科室机构设置和人员配置，对公司的发展起了很大的作用，但随着市场竞争的加剧，已很难适应市场的变化，根据服务业的特点和公司目前情况，对公司内的机构设置要进行必要的调整和加强，突出经营和经济管理在公司机构设置中的重要位置，以更有利于公司的市场化经营。

1.5.3.3　建章立制，实行公司规范化管理

公司各内设机构成立后，根据分工情况，建立和完善各种管理和奖惩制度，

做到责、利对等，提高公司员工工作的主动性和积极性，提高公司运作效率。

1.5.3.4　树立品牌意识，加强公司网站建设

公司在具有一定规模后必须宣传自己、推销自己，恰如其分的宣传造势，会给公司发展带来更多的市场、机遇和信息。扩大在本行业、本地区乃至全国的知名度和影响力，扩大市场份额。因此，公司将加大自我包装宣传的力度，积极主动地利用各种合适的媒介和载体，与别的网站加强沟通，相与链接，及时刷新，多一些项目和内容，提高网站的浏览量，从而达到宣传自己的目的。同时，进一步确立“建一座工程，树一块丰碑”的精品意识，以工程的实绩和诚信的践约，做好最具信服力的宣传。

综合以上措施，我公司制定了10年三步走战略。

（1）第一步，公司初创期战略。公司初创期需要精准的目标市场定位，这既是发展的客观要求，也是公司的成功之道。这个阶段的定位要发挥小公司灵活的特点，根据市场变化适时地进行调整。在2018年下半年这段时间，将进行“医养结合”模式下松鹤轩综合疗养集团的项目论证期及策划阶段。通过市场调研、专题研讨以及专家咨询等方式来论证项目是否可行，撰写可行性报告及商计划书。在2019年上半年进入项目启动阶段。公司正式成立，将完成项目申请审批开办程序、场地改造验收、硬件设备配置进场、人员招聘培训等工作，并逐步开始进入试运行阶段，磨合队伍和服务流程。同时开始进行市场推广活动，为公司未来发展和养老市场进入成长期做好基础准备。人员组成方面，初期可以以学校学生或志愿者为主，象征性给些酬劳，一些专业性强的人员单独招聘，节约开支。

（2）第二步，公司成长期战略。公司进入成长期后，无论是能力还是实力都会扩大，市场知名度得到提高。根据养老行业的特点，在当前环境下，成长期的时间会比较长。在2019~2022年这3年时间内，松鹤轩综合疗养集团需要继续挖掘和深入开发现有服务并进行优化。提高服务作业的标准化，服务质量的稳定性。在有限的资源下给客户提供最大的价值。同时利用自身的优质服务和医养结合、健康管理的服务特色，打造品牌知名度和口碑，大力培育市场，抓住一批优质稳定的客户。保证高质量的同时公司逐渐向规范化和信息化管理发展。对公司的规章制度和服务流程等进行系统性、科学性的改造。争取每年的入住率达到60%，70%和80%。经费相对充足了之后，可以多雇佣一些专业人士，而且表现良好的志愿者或是实习学生可以为其解决就业岗位。

（3）第三步，公司稳定期战略。公司进入稳定期后，此阶段的重点工作首先是在保持现有状态稳定发展的基础。争取入住率达到90%以上。松鹤轩综合疗养集团最重要的还是不断提高服务质量。并且要做到以下3点：

1）重视创新。在养老服务中设计开发和引入借鉴新服务，保持核心竞争力。通过创新改善入住老人的用户体验，提高客户满意度。

2）提高效率。重新梳理松鹤轩综合疗养集团组织构架、管理流程和人员岗位职责。优化组织结构，同时开源节流，提高公司运营效率。

3）发展公司文化、进入公司稳定期后，公司文化已经基本成形，而优秀的公司文化是公司核心竞争力长期处于优势的基础。因此传承和重视优秀的公司文化，使自己的公司文化能够成为体系，形成公司的服务哲学。松鹤轩综合疗养集团根据自身的公司目标和公司愿景，打造属于自己公司文化。把老人的舒适、健康作为头等大事，一切为老人着想，想在老人前面，打造贴心服务。

总结回顾医养结合模式下松鹤轩综合疗养集团执行情况，根据项目进行效果和市场发展情况，制定下一阶段工作推进计划，以利于公司进一步发展。

2　产品与服务

2.1　服务简介

为使全护理型老人、瘫痪老人、病愈康复老人、临终关怀老人得到更好的护理，康复护理房间均配有高级电动升降护理床和无线呼叫系统、护理软件管理系统。同时老年公寓紧邻盛京医院（三甲医院），就医条件便利。配套设施有：医务室、康复中心、文化活动中心、健身娱乐中心。使入住老人身心爽畅，彻底放松，全情体味休闲、养老、神思江南的美妙意境。整个院区环境优美、温馨、舒适。

2.2　服务模式

2.2.1　混合型养老院

混合型养老院是目前国内比较普遍存在的养老院经营模式，它们带有福利的性质但也有盈利的能力，通常具有政府或者慈善机构的背景。在经营方面，根据入住老人要求的不同，采取不同的收费标准和服务内容。通常服务内容除基本的养老服务外，会有一些免费的娱乐设施服务、体检服务等。营利性则表现在收费服务方面，主要是针对入住的环境和服务程度制定收费标准；固定收费的内容，有入住时的一次性收费和每月收费，经常性收费的护理费和医疗费用等。

2.2.2　专业公司经营管理的养老院

专业公司经营管理的养老机构以盈利为主要目的，通常是自行出资兴建、管理老年住宅。这种模式提供环境优美、各种设施齐全的居住场所，各种完善的服务内容。以出租为主要经营方式，收费水平要比福利型养老机构的收费水平高。

入住者通常需要交纳一定数额的抵押金，每月交纳租金和管理费。管理机构通过各种高水平的服务收费获取利润。初步开发的服务模式中包含兴趣社团、医疗服务、专业陪护等（见图7~图9）。

图7　兴趣社团

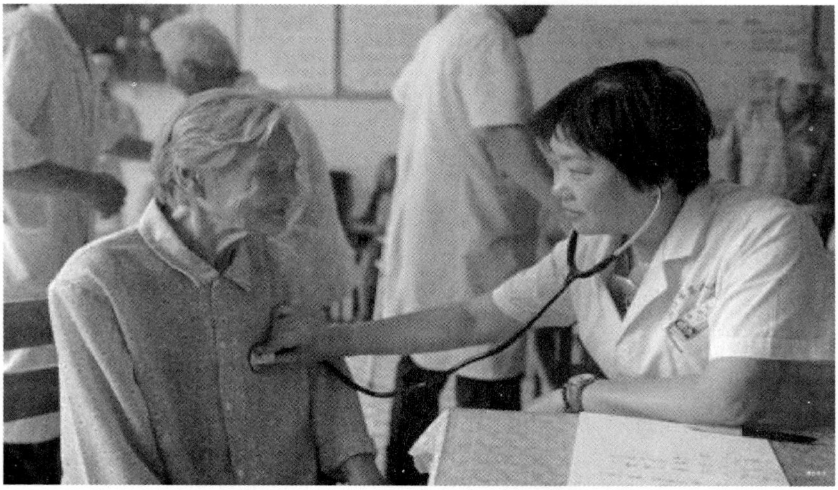

图8　医疗服务

2.3　盈利模式

公司的利益来源主要是养老产业，这是因为养老院不赚钱，养老产业才赚钱。

（1）养老产业除了有养老院外，还包括老年人康复医院、养老公寓、老年人大学、教育配套、商场等，其他养老的相关项目都可以产生经济效应。另外，

图 9　专业陪护

一个老人居住在养老机构，还能吸引三代人前来探望以及消费，这是一个很好的盈利点。

（2）为老人提供生活照料、心理咨询等方面的服务所收取的费用。

（3）与其他公司合作获得的利润。例如旅游公司、健身公司、药物公司、器械设备公司等较大型的公司。我们也可以通过为他们进行品牌宣传来赚取部分利益。预计可以通过服务老人、服务社会赢得社会信赖将自己的品牌打造出去的这种途径，尽快收回成本，取得良好的资金运转。

（4）积极申领国家对养老机构的优惠政策补助。

2.4　市场前景

通过分析养老行业的市场前景可知我国

（1）可预见的服务群众。我国老龄化速度快，来势猛。2015 年前后，我国的老年人口已达到惊人的 1.5 亿人，占亚洲老年人总数的 50%，占世界老年人总数的 20%，更是世界上唯一老年人口总数过亿的国家。

（2）入住率高。经过对几个城市市区范围内养老机构的统计和抽样调查，各种各样的所有制形式的养老机构平均入住率为 63%。经过对老人们的问卷调查，我们可以了解到，有一大部分的老人不愿选择养老机构是因为一些养老机构的设备不完善和服务不够好。从此，我们可以推测如果我们的敬老院的设施完备，服务完善，入住率将达到一个更高的水准。

（3）并非供过于求。我国老年人数高达 1.5 亿，但我国养老机构所拥有的床位却仅仅 120 万。床位数量仅是老年人口数量的 0.8%，换一种说法就是每 125

位老人才能得到1张床位，这是远远不够的，是需求远远超过了供应。

（4）收费标准低。我国的养老机构的收费标准低，一般家庭都可以支付得起老人的入住费用。一般每位老人需向养老机构支付的费用仅仅是680元/月左右。而我国许多老人都有退休金，可以轻松支付养老机构的费用。

3　行业与市场

3.1　行业分析

3.1.1　行业环境

国家统计局2011年4月28日发布了以2010年11月1日零时为标准时点的第六次全国人口普查的主要数据显示，中国60岁及以上人口占13.26%，比2000年人口普查上升2.93个百分点，其中65岁及以上人口占8.87%，比2000年人口普查上升1.91个百分点。根据国际通行的判断标准，当一个城市或国家60岁以上人口所占比例达到或超过总人口数的10%时，标志着这个城市或国家进入了“老龄化社会”。

而改革开放以来，中国在政治、经济、文化等各个方面都有迅猛的发展，人们的生活质量持续提高，现代医疗技术也不断革新，这些为解决养老问题提供了经济基础。尤其作为中国重要的老工业基地的辽宁省，是国家基本养老保险的首批试点省区，所以辽宁的老年人基本可以解决最基本的经济问题。目前，辽宁省初步建立了“六位一体、城乡统筹”的养老服务体系，即以居家养老为基础、社区服务为依托、养老服务中介为纽带、国有养老机构为示范、兴办民办养老机构为导向、农村区域性中心敬老院为延伸的养老服务社会化体系，这一养老服务体系虽然在一定程度上满足了老年人的服务需求，但是在实践中也出现了很多问题，需要不断地补充和完善。

3.1.2　行业前景

专家预测，未来5年，我国养老产业市场将突破万亿元规模，20年内有望达到2万亿元以上规模。“夕阳红”产业蕴含勃勃生机，“白发红利”有待进一步释放。

2015年出版的《中国养老机构发展研究报告》指出了我国未来养老机构发展将呈现五大趋势，具体如下：

（1）民办民营养老机构将成为发展主体。

（2）机构养老服务将与居家、社区养老服务融合发展。

（3）小型化、专业化、社区化、连锁化将成为养老机构发展的主要态势。

（4）养老机构“养医结合”发展趋势将更加紧密未来。

（5）养老机构服务将更趋亲情化、人性化发展。

3.2　市场分析

3.2.1　环境分析

通过对影响公司的主要外部环境因素——社会文化环境、外部法律环境、经济环境、政治环境及科技环境这五个因素进行详细分析，帮助公司准确把握当下大环境的格局，明确面临的机遇和挑战，从而做出适合自身发展的决策。以下大致介绍对本项目所处的机构养老行业宏观环境分析。

3.2.1.1　社会文化环境

国际上通常把 60 岁以上的人口比例达到 10%或 65 岁以上人口比例达到 7%作为国家或地区进入老龄化社会的标准。数据表明我国从 2000 年开始已进入老龄化社会，目前正在经历着世界历史上规模最大、速度最快的老龄化过程。第六次全国人口普查资料显示：截至 2010 年年底，我国总人口为 13.4 亿，60 岁以上的老年人口达到 1.78 亿，其中，65 岁以上老年人口为 1.19 亿。根据人口惯性规律，我国老年人口规模在 2026 年将超过 3 亿，2037 年将超过 4 亿，2050 年将达到 4.4 亿，约占总人口的 30%。

同时，另一项数据也令人十分担忧。根据预测，2020~2050 年中国老龄化趋势将进一步加速发展，届时相较于 2001~2020 年每年 596 万的速度，老年人口每年增加额进一步增至 620 万。到 2025 年，我国劳动人口与老龄人口的赡养比分别达到 5∶1，进入深度老龄社会；约在 2040 年将达到 2∶1，进入超级老龄社会。

根据预测，到 2050 年中国 60 岁以上老年人口将达到 4.8 亿，几乎占全球老年人口的四分之一，是老年人口最多的国家，届时将步入稳定的重度老龄化阶段。作为中国最早进入老龄化社会城市之一的上海，情况更不乐观。根据《上海养老服务发展报告（白皮书）》介绍，据预测，至 2020 年，上海常住老年人口总数将超过 570 万，且随着时间推移规模将持续扩大，预计 2045~2050 年间将达到峰值。从图 10显示，2015~2025 年这 10 年间，上海的老龄人口将迎来一波快速上涨。

与此同时，独生子女政策经过几十年的实施，导致中国家庭结构正发生显著变化。越来越多的家庭将出现 4 个老年人、1 对夫妇和 1 个孩子的“四二一”结构，由原来几个子女共同赡养父母的情况转变为独生子女独自承担重任。而在市场经济环境中，竞争激烈而精力有限，追求私利而亲情淡化，客观上导致家庭为老年人提供养老照料的能力越来越脆弱，家庭养老功能日益萎缩。同时我国老人的平均寿命延长，带病期长，尤其是随着老人年龄的增加，身体素质的下降，老

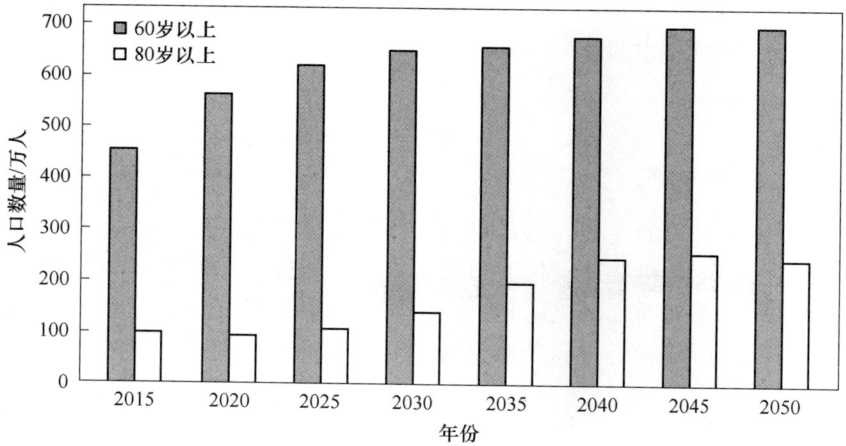

图 10　2015~2050 年上海户籍老年人口数量趋势预测

年病增加，失能、半失能老人增多，使得部分核心家庭子女的赡养不堪重负。另外，我国家庭“空巢”化问题十分突出，根据在北京、南京、沈阳等 8 个大中城市的调查，空巢老人的比例已经达到了 56.1%。空巢老人的养老问题也越来越成为社会关注的热点问题。我国传统的养老观念也制约着养老产业的发展。在中国，“养儿防老”的观念深入人心。受几千年来儒家思想的影响，赡养老人是儿女的应尽义务，居家养老还是现今老年人最主要的选择。但值得注意的是，随着时代的发展，越来越多的老人开始放弃这个观念。在经济能力允许的情况下，一方面追求更高品质的生活，一方面不想让子女再经历自己经历过的辛苦，部分老人开始主动选择适合自己的养老机构进行养老。

3.2.1.2　法律环境

在机构养老行业，现行的主要法律法规有：(1)《中华人民共和国老年人权益保障法》修订版；(2)《养老机构设立许可办法》；(3)《养老机构管理办法》。一些地方性法律法规也在逐渐制定之中，例如上海市的《上海市养老机构条例》《上海市养老机构服务收费管理办法》等。《上海市养老机构条例》于 2014 年 6 月 1 日起实施的，是全国第一部该领域的地方性法规。《上海市养老机构条例》进一步强化了各级人民政府履行在养老机构的规划、建设、指导、监管等方面的职能；强调充分发挥社会力量的积极作用，明确通过补助投资、购买服务、完善投融资政策等方式，支持和引导社会力量兴办、运营养老机构；强调促进发展与规范管理并重，既要为养老机构的发展创造良好条件，又要加强监管，促进健康发展。但总体来讲，目前我国养老方面的法律建设不健全，相关法律法规及其细则亟需完善。

3.2.1.3　经济环境

随着我国经济不断发展，GDP 多年高速增长，居民人均收入和物质生活水平得到了极大的提高。2015 年中国国内生产总值（GDP）为 67670 亿元，同比增长 6.90%（见图 11）；2015 年中国社会消费品零售总额为 300931 亿元，同比名义增长 10.7%（见图 12），我国居民人均可支配收入 2015 年达到 21996 元，同比增长 7.4%（见图 13），超过 GDP 增速，为居民消费需求和消费支出增长提供了事实上的基础。根据全国老龄办数据表明，2010 年我国老年人口消费规模达到 1 万亿元，预计到 2020 年将达到 3.3 万亿元，2030 年达到 8.6 万亿元，2040 年达到 17.5 万亿元。而从 2014~2050 年间，中国老年人口的消费潜力将从 4 万亿元左右增长到 106 万亿元左右，占 GDP 的比例将从 8%左右增长到 33%左右。我国将成为全球老龄产业市场潜力最大的国家。但是需要注意的是由于曾经在计划经济体制下历史欠账较多，随着我国经济发展阶段性高峰期已过，未来的增长态势将成 L 型，而社会没有完成养老积累，未来的消费增长不能太过乐观。另外，我国部分人口老龄化与社会经济发展水平不相适应，陷入“未富先老”的状态。

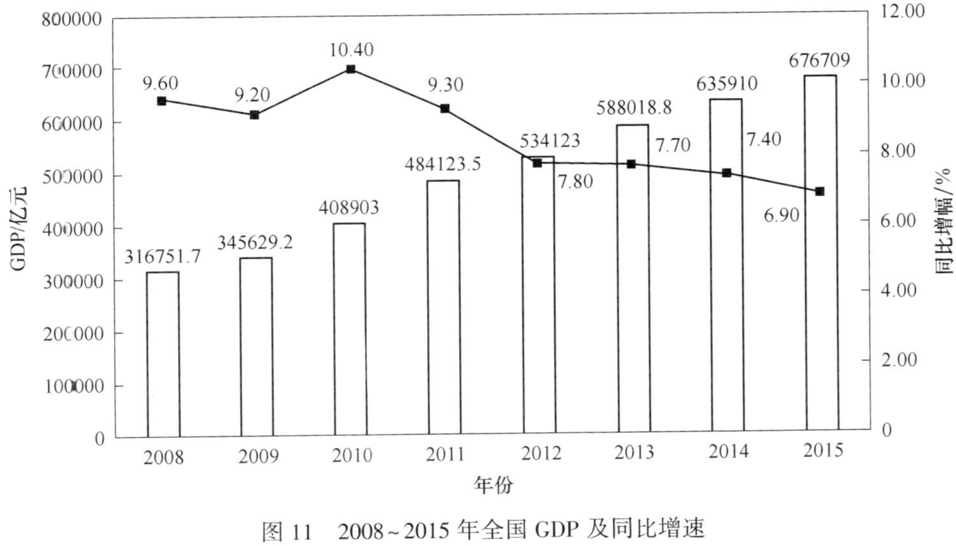

图 11　2008~2015 年全国 GDP 及同比增速

3.2.1.4　政治环境

国家应对老龄化社会的到来和不断提速的发展趋势，不断出台相关政策，在政策层面上支持和规范养老产业的发展。仅近两年国务院、各部委就制定发布了养老相关政策十余条，从养老服务体系建设、服务标准化、养老机构改革、养老

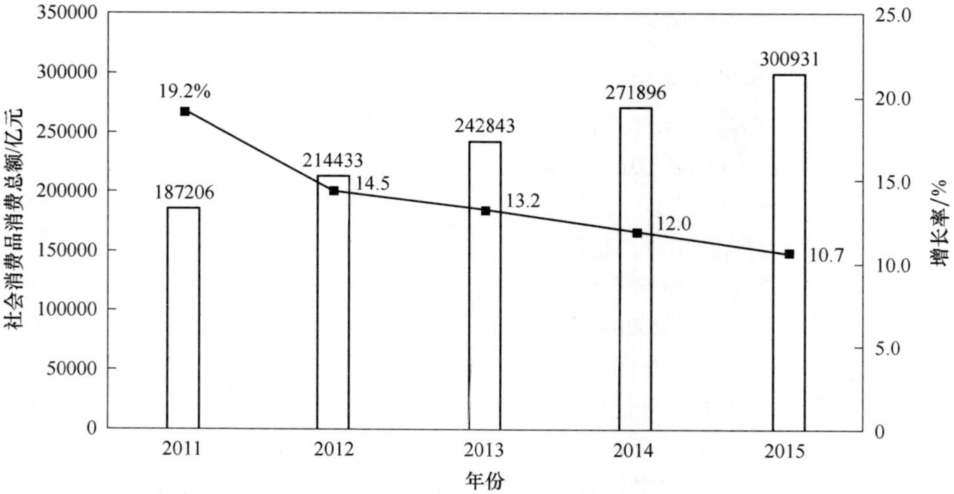

图 12 2011~2015 年我国社会消费品零售总额

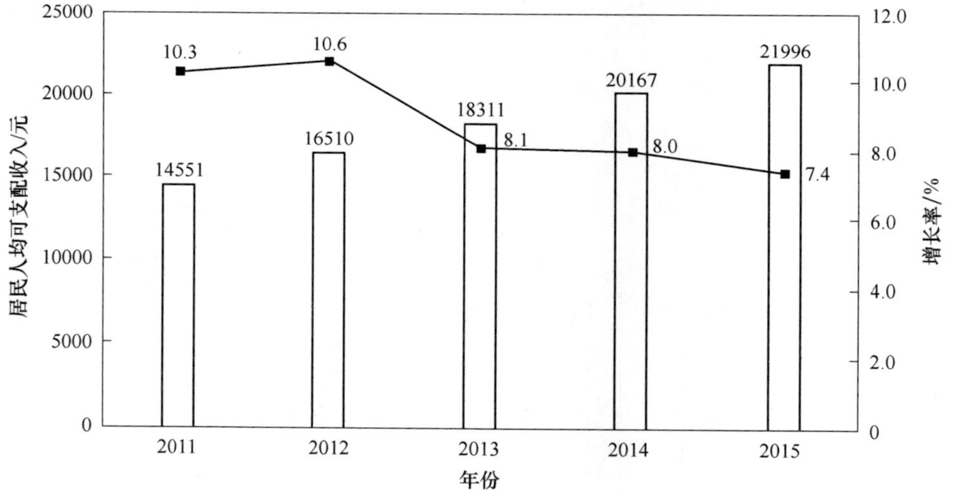

图 13 2011~2015 年我国居民可支配收入

保险制度、养老金并轨等多方面指导、支持我国养老产业的发展。

随着改革开放的深入，我国政府目前允许外国投资者进入我国养老行业。外商投资养老机构适用有关民间资本设立社会福利机构的规定，而外资开设老年人服务机构属于《外商投资产业目录》中的鼓励类项目。对外资的行业经验、从业资质、投资强度等没有限制。根据民政部《社会福利机构管理暂行办法》规定，外资需与中方以合资、合作方式设立养老机构。一般需经过地方民政部和外经贸部门审批和工商行政管理部门的登记，各地也制定了一些不同的设立程序和要求。

3.2.1.5　科技环境

当前，互联网与各领域的融合发展，已成为不可阻挡的时代潮流，对经济社会发展产生着战略性和全局性的影响。推动互联网与老龄产业的融合发展，大力发展“智慧养老”，具有广阔前景和无限潜力。智慧养老是指利用先进的 IT 技术手段，开发面向居家老人、社区、机构的物联网系统平台，提供实时、快捷、高效、物联化、智能化的养老服务。借助“养老”和“健康”综合服务平台，将政府、医疗机构、服务商、个人、家庭连接起来，满足老年人多样化、多层次的需求。利用“互联网+”对现有的养老机构的管理运营进行优化、改造和创新，提高服务的效率和质量。

3.2.2　市场定位

所谓市场定位是指公司根据目标市场上同类产品竞争状况，针对客户对该类产品某些特征或属性的重视程度，为本公司产品塑造强有力的与众不同的鲜明特征，并将其有效地传递给目标客户，并得到顾客认同。市场定位的本质是将本公司与其他公司进行有效区分，使客户感觉和认识到这种明显的差别，从而在客户心目中占有特殊的位置。

根据松鹤轩综合疗养集团的战略目标，目前的市场定位为：

（1）医养结合，注重健康。松鹤轩综合疗养集团将为目标客户同时提供优质的生活照料护理服务、科学的健康管理服务及安全的医疗康复服务，促进老年人在机构养老时的生活体验和生存质量。提高老年生活的安全系数，减少老年人的后顾之忧。

（2）中上档次。松鹤轩综合疗养集团将面向具备一定经济能力的老年人群，为其提供优质可靠、丰富多样的服务。

（3）高性价比。松鹤轩综合疗养集团在提供服务时医养并重，互相促进，追求达到两者之间最适合老年人养老生活的平衡点，在有限的资源条件下，让目标客户获得最大的收益。

客户定位为：

（1）家境富裕，儿女不在身边，需要有人照顾的老人。

（2）享受政府福利的孤寡老人，这里主要是伤残军人等。

（3）家庭矛盾激烈，子女就赡养义务产生分歧，被迫入住养老院的老人。

（4）开明的不愿意给子女增添麻烦，且向往晚年自由的老人。

首先，第一、第四类老人我们暂且归类为我们的高档客户，其余部分的老人一般可分为以下两种：第一种是自己生活富裕，有一定的知识水平，对生活质量等方面有一定的要求，对于养老的需求更偏向于“享受型”，对于这类老人我们可以提高住房标准，提供全套的护理服务；第二种是子女比较有能耐，给老人提供了很好的晚年生活条件，但子女一般工作比较繁忙，无时间照顾老人，同时又想老人晚年过得比较幸福。对于这类老人，基本上是属于老人没有太多的要求，子女对服务质量更加的看重。针对这些高端的客户，我们让老人以极其优惠的费用在养老院试住（含食宿、基本护理）。

3.3 竞争分析

3.3.1 竞争优势和劣势分析

由于目前养老行业内并没有特别强势的品牌出现，还是区域性为主，以下对其竞争优势和劣势进行分析。

3.3.1.1 优势

A 对客户进行精确的市场定位

现今养老院陪护人员中绝大部分没有受过护理训练，不仅陪护水平低，而且由于陪护人员素质参差不齐，导致养老机构普遍存在陪护人员管理困难、管理不到位等问题。有的陪护人员在工作中往往偷工减料，甚至会占老人的“便宜”。鉴于此我院规定，必须对陪护人员进行登记，登记信息包括姓名、居民身份证或者其他有效身份证件号码、联系电话、住址、与患者的关系等内容。这样一旦有什么事，可以找到这位陪护人员，同时也使陪护人员增强责任心和道德心，不再做出那些不地道的事情来。此外，通过医疗机构对这些陪护人员进行适当的指导，可以规范陪护人员的行为，明确什么事情能做，什么事不能做，能做的事情怎么去做，怎么样做好，从而使老人得到更好的护理。

当然，光给陪护人员进行登记等还不够，应该对陪护人员把好准入关。由我院陪护管理中心按照一定的标准向社会公开招聘专职陪护人员。然后由医院对拟聘用的陪护人员进行岗前培训，培训考核合格后上岗。对陪护人员进行登记造册，上岗须着装统一、佩戴胸牌，增强陪护人员的工作责任意识，对陪护人员的工作进行考勤，实施质量管理，从而减少病人家人的担忧。

B 差异化的服务，广开客源

因为每个家庭的收入不同，所以我院相应推出不同价格的床位和护理套餐供顾客选择。而且，为了满足各个顾客的需求，我院同样会对家庭困难的老人提供相应的优惠政策，从而免除他们对自己住到我院的担忧。同时，为了可以让更多的顾客了解我院的政策，我们会加强宣传工作，定期举行宣传活动。

C 完善的管理体系

根据老年人的生活特点，我们在院内合理划分生活、生产及娱乐康复等区域，配置必要的膳食制作、医疗卫生、文体娱乐、洗浴、消防及办公管理等设备设施。

（1）在醒目位置悬挂标识。

（2）设计先进、合理，符合国家《老年人社会福利机构基本规范》和《老年人建筑设计规范》，达到建筑面积 3000m^2，床位大于等于 100 张，基本满足我院老人生活需求。

（3）生活、生产、娱乐康复等区域布局合理，生产区和生活区分设；院容美观，环境清洁；生活区空地作物和绿化面积达 90%以上。

（4）实现四通：通电、通水、通路、通电话。

（5）居室、卫生间、浴室、走廊、楼梯等设施符合无障碍设施规范要求。

（6）居住用房使用面积每间不少于 10m^2，每床位使用面积不少于 5m^2；居室朝向良好，有天然采光和自然通风；居室内配备供暖和降温设备，并配备床、桌、椅、柜、被褥等必须生活用品。

（7）辅助用房设置办公室、厨房、餐厅、储藏室、医疗保健室、活动室、浴室和公厕、娱乐室、康复室等功能室。

（8）厨房、餐厅分设，卫生整洁炊具齐全，配备餐具消毒和食品保鲜等设备，桌椅、餐具满足就餐需要；食物储藏有防蝇、防鼠设备，配备整套厨房专用设备。

（9）医务室配备专职或兼职医护人员及必要的医疗器械和常规药品，配备必要的康复设施。

确定管理目标，制定岗位责任、人事管理、档案管理、财务管理、思想教育、值班请假、车辆设备、安全保卫等管理制度；实行岗位责任制，明确岗位目标、工作要求和工作流程，工作人员挂牌上岗服务。

加强对我院老人的服务管理：

（1）提供符合食品卫生要求、适合供养服务对象特点和身心健康的膳食，伙食标准每人每天不低于 6 元。

（2）提供服装、被褥、家具等用品，按季节添置、更换衣被等生活用品。

（3）实行分级护理，对一般院民实行常规护理，负责整理房间，打扫卫生；对半自理院民实行二级护理，负责整理床铺，送水、送饭；对生活不能自理院民实行一级护理，负责喂水、喂饭、喂药、洗脸、擦身、每天查房 1 至 2 次；对重病号实行昼夜值班服务。

（4）保障五保对象有病及时治疗，并建立供养对象健康档案，定期进行健康体检。

D　丰富的生活体验

我院为提高老人的身体素质相应建立了娱乐运动场所，方便了老人们的锻炼。而且，我们还加入了各种兴趣社团如乒乓球社团、书画社、针织纺等，既丰富了老人的业余生活，又培养了他们的兴趣爱好。

E　聚焦关注老人情感生活

和世界上许多发达国家一样，中国的老年人口在不断地增加。随之而来的老年问题也多了起来，其中老年人恋爱和再婚的问题越来越得到社会的关注。

近几年来，老年人再婚在我国已逐渐增多。我们常常可以听到或看到一些孤独老人找到了合意的老伴儿，重新过上了舒心的家庭生活的事例。但是，老人再婚，在社会上还存在不少障碍，传统习俗对老年人再婚持否定态度，即很多现代的年轻人对自己年老的父亲或母亲再婚，感情上也转不过弯来。有的认为独身老人不愁吃不愁穿，为什么还要结婚呢？难道还那么迷恋性生活吗？人们往往忽略了老年人的再婚不仅是生理上的需要，也是心理上的需求。

通常造成老年人再婚的障碍主要有以下几种：

（1）老年人本身旧观念的障碍。传统的观念把老年人再婚看成是不光彩的事。老年人本身受这些观念的影响也往往给自己泼凉水。怕再婚会引起别人的耻笑。他们认为对性欲冷淡才是高尚的，自己都这把年纪了，还谈什么恋爱。他们没有想到，老年人也是人，他有权利按自己的意志来自由地恋爱和结婚。

（2）子女造成的障碍。有许多老年人再婚受到子女的反对。好不容易谈妥了的婚事、交往，就因为子女关过不了而被迫解除。老年人双方都有意，就是结合不了。小辈们把父母永远钉在了“父母”的位子上，而不是把他们看作同自己一样的人。他们根本没有为父母着想过，风烛残年的父母是单身孤零零地活着好呢，还是幸福地有意义地生活着好。子女反对老年人再婚一般有几种理由，如遗产会落入他人之手；会让人说是因为晚辈对长辈不孝，长辈才会出此下策；会愧对已故的亲长；不愿照顾护理后母（继父）等。其中，因经济原因反对的占绝大多数。有积蓄的老年人再婚，受到子女干涉阻止的，比积蓄不多的老年人再婚要严重得多；无经济来源的老年人再婚，遭到子女的反对干涉就少些。

（3）居住及经济条件造成的障碍。在目前居住条件偏紧的情况下，增多的家庭人口会影响现有的居住条件。此外，有些老人缺乏足以维持独立生活的收入，因而造成老年人再婚障碍。必须健全社会性保障制度，同时使老年人认识到应把遗产投资到自己的老年生活中去才能消除这一障碍。

（4）社会因素造成的障碍。社会因素一方面指社会舆论对老年人再婚的压力。有些人认为老年再婚是耻辱的，有些人认为老年人再婚不符合我国国情。特别是有的老年人与年龄比自己轻的中年寡妇结婚，社会舆论的压力更大，高龄老人要求再婚，更是舆论哗然。另一方面，社会缺乏为老年人恋爱、结婚服务的咨询机构和专家。即使有不少婚姻介绍所，也大多数是面向年轻人的。

老年人再婚的效用。老年期是丧失期，将失掉金钱、健康、配偶等。正因为如此，也是容易丧失生存意义的时期。老年人要生活得充实，其最根本的条件有：1）经济上的保障；2）身心健康；3）要有能够从心底里相互谅解的对话人；4）要有益于别人的工作及作用；5）能得到适当的性满足。老年期的恋爱与结婚，在多数情况下，起着能使这些条件得以满足的作用。

大量的事实证明，做好老年人的再婚工作，对社会，对家庭，对老年人的健康长寿均是有益的，尤其是对鼓励、支持老年人充分发挥余热，完成未竟的业绩是不可缺少的，应当从法律上予以保护，从道义上给予支持。这样做不仅使希望再婚的老年人的合法权益得到保障，而且对整个社会也有多种好处：

（1）有利于减轻子女的精神负担。多数独身老人的子女已建立了小家庭，他们忙于自己的工作，忙于抚男育女，忙于家庭生活，担心对老年人照顾不到，如老年人再婚的要求和愿望得到满足，就可以减轻一部分子女挂念老人的精神负拒。

（2）有利于抚育下一代。家庭是子女成长的摇篮，目前我国的家庭多系双职工，夫妻早出晚归，对子女的抚育出现了不少问题，不利于下一代的成长。如果老年人再婚，不仅老夫老妻可以互相体贴照顾，而且他们精神愉快，身心健康，还可以分担抚育后辈的任务。

（3）有利于减轻国家对孤老者的负担。我国目前还不能把老年人特别是孤老的生活问题全部包下来。如果有条件的丧偶老人求偶结合，这样可以使一些孤老者有新的归宿，可以减轻养老院和民政部门的负担。

（4）有利于减少和防止嫌弃和虐待遗弃老人行为的发生。

（5）有利于使老年人的精神得到安慰，心理健康发展。

总之，老年人是否再婚是他们自己的权利，家庭和社会只能给他们提供参考意见。老年期恋爱、结婚是提高生存意义的“特效药”，无论是再婚还是独身，都应该得到家庭和社会的认可。

F　提供多样化的技能展示平台

精神生活丰富了，老人也会开心快乐，因此我院和义工、社会团体以及周边学校多联系，邀请他们多来院里组织活动、表演节目，同时举行健康知识和消防安全知识讲座，把活动搞得精彩些，让老人参与进来。多让老人自我表现，让他们多发挥自己各自的特长，棋琴书画，各式各样的活动，老人们乐在其中，业余精神生活自然也就更加丰富精彩。另外对轻微痴呆的老人组织的活动，又要分别开来，针对这类老人的性格，可以组织数数、丢球、丢圈、传球等益智类活动。针对不同的老人开展的活动也不同，瘫痪在床的也可以排在一起唱歌比赛。这样才能把院里各类不同老人的精神生活调动起来，让他们老有所乐。

G　加入“银龄行动”，并鼓励老人参与其中

2003 年 7 月，为响应国务院西部大开发的号召，全国老龄委组织医疗卫生、文化教育、农业科技等方面的老专家、老教授，启动了援助西部的老年志愿行动——“银龄行动”，旨在依托老专家、老科技工作者的智力优势，通过东部援助西部，发达地区援助落后地区，推动西部地区经济发展和人民生活水平的提高。我院也积极响应号召，鼓励我院那些有想法的老人参与其中。

H　与学校联合提供新技能培训，避免老年人与社会脱节

为了使老人跟上时代的步伐，我院联系高校大学生志愿者团队，为我院老人教授如智能手机的基本使用、计算机基础教学，Ps 与 Pr 等图片与视频处理的实用性技能。同时，通过与学校师范等专业一起举办的养生与技能大课堂，让老人们活到老，学到老。

I　主动与各大高校志愿服务组织建立联系

现如今大多情况下都是高校志愿者主动与养老机构联系，而且有时候相对简单的事情往往会因为中间机构的参与而变得的复杂。鉴于此，我院组建专门的小组与高校志愿者团队直接联系，省去中间机构的参与，使得我院与高校志愿者团队之间的交流更加快捷方便。同时，我们还会加强宣传工作，主动与高校志愿者组织联系，加强我院与高校志愿者团队的联系。而且，我们还会不定期提供学生技能培训，以增强他们的急救和护理知识。

J　提供免费的入住体验活动

很多人都知道，老人不愿意去养老院，除了因为养老院价格比较高之外，还有一些我们不知道的原因。总的来讲，他们对住养老院有三方面的顾虑。

a　观念传统

这个估计大家都知道，故土难离。与之相同的就是，送老人去养老院就是不孝的观念由来已久，很多老人为了让子女有一个好名声，硬扛着在家，期盼着子女偶尔的看望和照顾，如此一来，就会形成一大片不愿意去养老院的老人。

事实上，这个比例不在少数，据我们了解，百分之七十的老人在谈论养老院话题的时候会表示自己不愿意去，因为他们担心孩子，担心自己去了之后，会给孩子的名声造成不利影响，担心孩子的未来受到影响，因而宁愿死扛，也不愿去养老院。

b　担心被抛弃

说到养老院，即使是像一些的高端养老机构，很多老人还是担心自己去了之后是被子女抛弃。据我们调查了解的人群中有一位老人介绍，他担心自己住进养老院之后，子女因为养老服务太好，而忘记自己，所以宁愿自己在家遭罪，也希望子女能够偶尔的探望。

不过，松鹤轩综合疗养集团就没有这方面的担忧。一方面，松鹤轩靠近医院，临近地铁，而且附近还有公交站台，周围交通发达，子女想要探望非常方便；另一方面，老人进出也非常方便，而且还提供免费入住体验，所以，无论是去子女家小住，还是去医院治疗等，都是极为方便的。

c　担心服务环境不好

一般情况下，大家对养老院的认知就是接收一些孤寡老人、失独老人、失智失能老人等，这些老人前者还好，后者明显让人感到不舒服，因此，很多老人不愿去养老院。此外，服务不周到、饭菜不合口、处理不好人际关系等，也是老人担忧的问题。

对于这些问题，我院已经做好了处理，比如对于失能失智老人，会有专门的看护人员，对于饭菜会有专门的营养师和烹饪师，甚至针对个人治疗方案还有营养餐等。这样一来，老人就能得到最好的照顾，也不用担心晚年生活会不好。

由于老年消费是一种自主性消费，老人的消费观念既成熟又相对保守，许多老人对新型的产品会感到陌生，认同接受新型产品也会有一个过程，在对老年住宅进行营销推广的时候就应该充分考虑到这一点：（1）在营销手法上，避免使用概念营销，转为说服力更大、更容易让老年人理解的体验式营销；（2）在销售风格上，避免浮夸，卖场设计都应保持踏实、简练、稳重的风格，实施耐心的引导式销售。从长远来看，市场经济是一个多发展、多变化的时代，具有受时代特点的影响，未来的老年人比起今天的老年人，对新消费观的接受质量要快得多，也容易得多。

针对老年消费的质量特征，老年商品的质量和“银发市场”的服务质量都必须提高。老年人是一个特殊的社会人口群体，在饮食、起居、衣着、旅游、医疗保健、文化娱乐等各方面都有着这一年龄段的特点，对商品的质量要求尤其高，通常是商品的质量不好不买，价格太贵不买，不实用不买，不安全不买，太复杂不买，只要产品不对路，质量不过关，在老龄消费中就不会有市场，也就不会有长久的效益。

针对老年消费中休闲性消费与服务性消费所占比例大的特点，以悠闲生活和优质服务为卖点，为项目打下长远的附加价值。

在公司经营的前 1~3 年主要发展自助型的老年公寓，即采取上门服务的方式，为老人提供生活方面的照顾和帮助，同时为他们进行心理疏导和压力的排解，使老人的生活质量得到提高。当公司经过 1~3 年的发展和经营后，资金及市场都有了进一步的充裕及发展，此时再逐步建设住宅型和陪护型的老年公寓，争取最终建立起环境优美、设施齐全、舒适健康的一体化老年公寓。这样分阶段、有重点的建设必将对公司的发展产生积极的影响，同时各阶段有重点的建设对公司的服务质量也会起到积极的作用。

K 鼓励老人自己动手赚钱，实现经济独立

我们开办自己的手工工坊和与高校联合举办的兴趣班，技能班让老人们亲自动手制作彩砂画、陶艺、木工等工艺品，寓教于乐，还可以创收，也能提高老人的动手实践能力，延缓其脑力与智力的退化，丰富老人的业余生活，并促使其身心健康。

L 良好的人员管理

有员工的初期和中远期规划，公司人员初期可以以学校学生或志愿者为主，象征性给些酬劳，一些专业性强的人员单独招聘，时间银行这里也可以以学生或在校教职工为主；中远期时，公司已经步入正轨之后，经费相对充足，可以多雇佣一些专业人士，而且表现良好的志愿者或是实习学生可以为其解决就业岗位。

M 创行服务方式，服务银行

通过公司发单与学校同学抢单的方式降低成本，官方网站可以为客户提供求助信息发布平台。用户可以在线发布求助信息，也可以在线以抢单形式为他人提供服务，在抢单系统中开辟志愿实践单元：在本单元中高校学生志愿者可以结合自己的专业实际，将在校学习到的理论知识进行实践。主要分为文化辅导类、音美艺术类、心理教育类等板块，为高校学生提供区别于以往专业实习的实践机会。

3.3.1.2 劣势

A 观念落后，意识不足

虽然各级政府对于老龄化的问题相当重视，但是在少数个别地区，由于我国长期形成的是家庭子女养老观念，因此面对我国人口老龄化的挑战，一些职能部门和社区管理与服务部门对开展和加强社区养老助老服务的重要性和迫切性认识不足，没有把社区养老、助老服务事业提高到反映一个社会文明进步水平和提高人民生活质量、保持社会稳定的高度来认识，服务意识差。这些必然给社会公众带来了一些对于社区养老的负面心理影响，对于养老服务社区的开发产生一些阻力。

B 竞争者带来的压力

有商机必然有商家，虽然目前成都的养老产业刚刚起步，商家尚少，但不容置疑的是，在可预见的将来，竞争者必将纷至沓来，这对于该行业的任何商家都将带来一定的压力与风险。公司在不久之后，面对的必将是一个竞争日趋激烈的市场，在这里为数越来越多的潜在竞争者转化为现实竞争者，大家都希望在这养老产业的锅里分一杯羹，任何行业内部的现存者、行业外部的潜在进入者都必须清楚地意识到这一市场环境，并做好充分的准备，迎接挑战。

C　资金困扰

作为一支学生团队必将面临资金不足及缺乏经验的问题，在公司运行的过程中也一定会遇到一些我们从未遇到过的挑战，因此在公司的发展过程中我们必须抓住机遇，勇于挑战，在发展中积累经验，不断充实和提高自己。

3.4　SWOT 分析

SWOT 分析见表 1。

表 1　SWOT 分析

优　势	劣　势	战　略
1. 把握核心竞争力，践行医养结合概念，打造健康服务的闭环，寻求养老和医疗的最佳平衡点。 2. 交通便利，周围配套设施齐全。 3. 服务模式创新思维模式创新。 4. 性价比较高，适合中产阶级入住	1. 年轻品牌，无知名度，需要打造企业文化。 2. 启动资金有限，前期成本较高，运营压力较大	1. SO 战略：抓住机遇保持自身优势，同时打造核心竞争力。 2. ST 战略：开发提供优质服务，把握市场需求走向，根据周围竞争对手能力实施差异化竞争战略
机　会	**威　胁**	**战　略**
1. 中国老龄化趋势严峻。 2. 家庭养老能力减弱。 3. 适合中产阶级定位的养老机构少。 4. 国家政策支持	1. 现有竞争对手实力雄厚。 2. 谋求进入该行业的企业及资金较多，市场竞争加强。 3. 中国人养老观念倾向家庭养老	1. WO 战略：拓宽融资渠道，合理分配资源，根据消费者分析，优化服务先提供最核心的服务内容，稳定现金流，同时尽快打造品牌口碑。 2. WT 战略：顶住竞争压力，保证现金流稳定，逐步进入盈利期，努力在竞争中脱颖而出

经过 SWOT 分析（见表 1）后，松鹤轩综合疗养集团在战略上应做到以下几点：

(1) 抓住老龄化和国家政策支持的时代机遇，把握社会发展方向，在服务内容中的“医”和“养”上建立核心竞争力，打造健康服务的闭环，寻求养老和医疗的最佳平衡点，帮助客户获得最大收益。

（2）开发提供优质服务，把握市场需求走向，根据周围竞争对手能力，实施差异化竞争战略。

（3）拓宽融资渠道，合理分配资源，根据消费者分析结果优化服务，先提供最核心的服务内容，稳定现金流，同时尽快打造品牌口碑。

（4）顶住竞争压力，保证现金流稳定，逐步进入盈利期，努力在竞争中脱颖而出。

4 营销战略

4.1 营销策略

4.1.1 促销策略

正确巧妙地运用各种推广促销策略，不仅能使公司提供的服务为顾客所接受，扩大市场占有率，促进公司的发展，而且还能使公司在激烈的市场竞争中占据有利的位置，掌握经营上的主动权。

通过客户调查分析我们可以看到受访者了解养老院信息的途径中，排名前四的分别为“实地参观”“他人介绍”“电视广播”和“网络媒体”。同时，受访者对选择养老院关心的要素中，排名前三的分别是“提供服务是否周到人性”“收费价格是否合理适中”“生活环境是否优美舒适”。

根据调查结果，松鹤轩综合疗养集团在推广策略上除了常规的广告宣传之外，应特别重视两点：

（1）注重体验式营销。体验式营销是指在销售当中，让客户参与其中，亲身体验产品的功能性，在不同产品的对比下，体现销售产品的优点，从而进行一系列产品的销售的行为。消费者在消费时是理性与感性兼具的。我们可以让目标客户进入养老院深入参观，或者设计短期入住体验服务，让目标客户以较低的价格试入住几天或1个礼拜。通过实地勘察，让他们更好地了解松鹤轩综合疗养集团的服务情况。

（2）良好口碑的建立。经研究表明，如果消费者对产品、服务不满，只有4%的人会向厂商抱怨，而高达80%的人则选择向亲戚朋友倾诉。良好的口碑可以增强顾客对公司所提供服务质量的信心，加强公司的市场认知度。松鹤轩综合疗养集团可以组织一些在不同社区内有一定影响力的人前来进行体验，让他们根据自己的感觉进行口碑宣传。当然，良好口碑的建立最终取决于公司所提供的服务的质量水平。所以松鹤轩综合疗养集团必须以自身提供的服务质量为抓手。但同时需要注意的是，口碑营销的时间成本高，效率低，需要进行权衡。

4.1.2　服务策略

服务策略有：

（1）服务定制化。根据每个入住老人的身体、心理和家庭情况，定制养老服务和健康管理的方案，并有专人负责和跟踪，根据情况变化及时进行调整。

（2）服务标准化。建立各种养老服务的标准流程和步骤，并建立定期巡回制度、质量跟踪制度等。

（3）服务数据化。对各种服务内容建立数据库并进行分析与改进，同时，保证在不涉及隐私的情况下进行。

4.1.3　网络营销

相比竞价，养老院的网络营销可利用搜索引擎优化（SEO）来占据自然排名位置，可节省竞价广告的投入，而且做得好的话存活时间长，效果自然也是持续的。例如，南京琳琅天下养老院营销团队即有整合互联网全新营销方法，专门研究如何通过网络手段，解决目前大部分养老院入住的问题。

4.1.4　异业结盟

资源整合、资源共享，各个领域都在倡导合作，提倡 1+1>2。养老院可以和老年大学、保健品、保健器材销售公司联合，进行异业联盟合作，但是在选择合作伙伴方面需谨慎。

4.1.5　活动营销

根据地区特色可以举办麻将、扑克等棋牌类比赛，或者老年戏曲卡拉 OK 大赛，一方面会非常吸引老年人参加，另一方面会引起媒体的报道。而且通过举办这些比赛，可以展示入住老人的生活状态，从而更好地宣传养老院。

4.1.6　事件营销、新闻营销

针对有些老年人对养老院的传统认识误区，可以联合媒体进行大讨论。养老也是媒体关注的题材，重要的是如何引发媒体报道，传递品牌，创造话题吸引媒体。

4.2　定价依据

结合周边的各种养老机构的收费标准，制定合理公正的多价位的床位选择及服务标准，满足各个用户的需求。

4.2.1　成本构成

养老机构的成本构成分别有：

（1）租房和场地租金控制在每年 6 万元以下。

（2）房屋改造和简单装修费用预算投资 4 万元。

（3）基本设施：床柜 300 元 / 套×100 套＝30000 元；床上用品 150 元 / 套×100 套＝15000 元；桌椅 50 元 / 套×100 套＝5000 元；电视机 1000 元 / 套×50 套＝50000元；冷暖空调 1800 元 / 套×50 套＝90000 元。

（4）活动器材：1 万元。

（5）家庭影院设施：1 万元。

（6）餐饮设备：1.4 万。

（7）洗衣设备：1 万元。

（8）办公设施：5 万元。

（9）开业仪式和相关宣传：1 万元。

（10）员工工资：护理人员，1500 每月；厨师，2000 每月；清洁工，800 每月。

（10）伙食成本：360000 元/年。

（11）水电费：8000 元/年。

（12）办公费用：4600 元/年。

由上可知，第一年共计需投资 71.82 万元。

5 人力资源管理

员工是公司生产经营活动的主体，员工的能力水平决定公司发展的成败。因此，我们注重公司员工的选拔和培训。我公司为每一位员工提供公平竞争和晋升的机会。建立员工工资正常增长机制，开展员工培训和激励机制，成立一支工作能力强、员工素质高、凝聚力强的公司职工队伍，为公司发展建设提供强有力保障。本小节主要介绍我公司结合公司实际建立的人力资源管理方案：

5.1 部门人员管理

管理团队与组织架构对于任何项目管理来说都非常关键，是项目管理工作得以顺利进行的基础。为满足项目经营管理工作的需要，需要对项目人员进行合理的架构设计和职能分配。结合本项目特点，将采取“扁平式”的职能型组织架构。经过项目人员反复讨论、论证，最终确定组织架构。

5.2 人员招聘与培训

我公司属于服务行业，需要服务热情、工作细致，具有高度责任感的员工。

在公司招聘中，除设立员工面试外，还需要从护理服务水平等方面考核员工是否满足岗位需求。依据发展规划，公司人力资源部会确定招聘的时间、地点、范围，然后发布招聘信息，并对收到简历进行初步筛选，并结合其他部门意见最终确定入职人选，办理入职手续。

公司对员工的培训主要有两个方面：

（1）公司文化培训：通过培训，使员工学习、了解并最终认同公司文化，以公司文化来约束员工行为，激励员工奋进，形成良好的公司氛围。

（2）技能培训：公司聘请医疗护理专家对员工进行培训。带领员工学习系统的医疗护理技能。定期开展医疗护理技能竞技，增强护理人员的技能熟练度和紧急情况下处理能力。

5.3 薪酬管理

薪酬管理对应于公司员工，公司前期精简人员，以学生兼职为主，后期开始正式配置人员。后期人员配置后各岗位人员及薪酬见表2。

表2 后期人员配置后各岗位人员及薪酬

岗　位	人　数	平均工资/元·月$^{-1}$
总经理	1	10000
院办	2	5500
财务资产管理部	2	5500
信息部	2	5500
人事部	2	5500
外联部	2	6000
后勤保障部	9	4500
医疗康复部	12	7500
健康管理部	4	7000

疗养院工作较辛苦，且收入一般，优秀人才不肯加入。

对策：（1）提高员工工资，在员工福利上下文章；（2）增加激励措施，多劳多得；（3）对核心员工进行股权激励，留住核心人才和竞争力。

5.4 政府和公众关系管理

虽然国家对养老产业越来越重视，各方面政策的扶持力度越来越大，但是很多出台的政策没有细则，仅仅只是一些规划而已，可操作性不强。有的政策出台后落实力度也不强，甚至有地方政府制造障碍，克扣优惠政策或不予执行。另外，政出多部门，手续烦琐对机构养老地发展也制约较大。

对策：（1）尽可能吃透各种政策的精髓，与地方政府积极沟通，争取各种补贴、税收优惠，资金投入等方面的支持；（2）项目不要完全依赖政策，要发展自身的核心竞争力，在市场竞争中占有一席之地。

6 团队组织

6.1 组织机构

如图 14 中所示的 9 个部门对应的职能分别是：

(1) 院办。

1) 负责企业的工作计划、工作总结，草拟有关文件，并负责督促贯彻执行。

2) 负责协调各职能科室工作。

3) 做好印鉴、打字、车辆、外勤、通讯联络、来信来访处理、参观及外宾的接待工作。负责企业的文秘工作和行政公文的审核、收发、登记、传递传阅、立卷归案、保管、利用等工作。

4) 安排各种行政会议，做好会议记录。

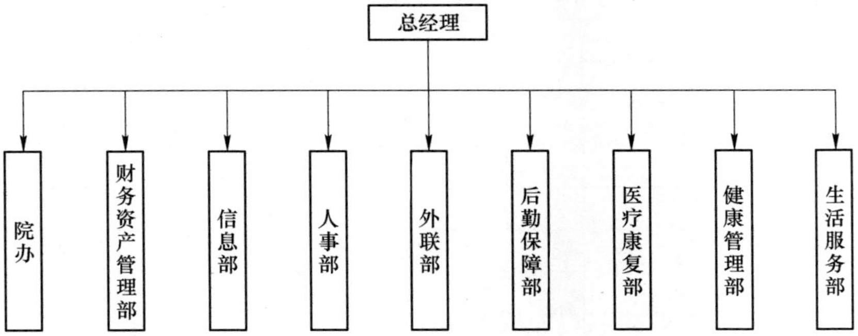

图 14 团队组织机构

(2) 财务资产管理部。

1) 负责对企业的经营进行核算，对公司财务指标进行监督。

2) 负责为企业各项决策提供相关的财务报告等财务方面的参考。

3) 负责安排和制定企业的预算和财务计划，并对计划的执行进行监督。

(3) 信息部。

1) 负责企业对外的网站和 App 的开发、管理和运营。

2) 负责企业内部各信息管理系统和操作服务系统的开发、管理和运营。

3) 对企业内部各计算机设备的信息数据进行整理和汇总，并配合其他部分进行分析优化。

(4) 人事部。

1) 负责企业各部门人员的招聘。

2) 负责企业员工的培训、考核、建议。

3) 公司企业人事制度的拟定、实施、监督、完善。

（5）外联部。

1）负责企业对外宣传工作。

2）负责拓展企业合作伙伴，并做好企业与合作伙伴之间的沟通协调工作。

3）负责制定企业的市场营销计划。

4）负责客户关系维护工作。

（6）后勤保障部。

1）负责企业后勤保障物资采购、储存和配送的计划和管理工作。

2）负责企业安全生产保障工作，保障设备设施的正常运行，及时进行维修和更新。

3）负责企业的治安、消防等内部安全工作。

（7）医疗康复部。

1）负责提供安全有效的诊断治疗服务，并根据医院医嘱进行后续日常治疗服务。

2）负责提供安全有效的康复保健服务，并根据医院医嘱进行后续日常康复服务。

3）负责涉及与医院相关的服务对接。

（8）健康管理部。

1）为每个老人定制个人健康管理计划。

2）对老年人的健康危险因素进行全面的监测、分析、评估、预测、干预和维护。

3）与医疗护理康复部合作，提供老人的健康数据并提出相应建议，辅助支持其工作。

（9）生活服务部。

1）负责老年人的日常餐饮服务。

2）负责提供安全有效的护理类服务，并根据医院医嘱进行后续日常护理服务。

3）负责老年人日常起居服务。

4）负责开展适合老年人特点的娱乐活动。

6.2　管理理念

我们一如既往的贯彻“五遍”“六不准”“八点”的工作作风。五遍：早一遍、抹一遍、扫一遍、拖一遍、洗一遍；六不准：不准与老人发生经济往来，不准收受家属、老人的馈赠，不准打骂虐待老人，不准拉帮结派，不准擅自离岗、闲岗，不准诋毁机构的名誉。八点：微笑多一点、嘴巴甜一点、脑筋活一点、仪表美一点、度量大一点、行动快一点、知识广一点、服务好一点。

在老人饮食上，我们坚持四个原则：一要软，便于老人咀嚼；二要烂，便于老人消化；三要清淡，便于老人吸收；四要营养合理，便于老人补充营养。

在老人生活起居上，我们协助老人走以及助动、助厕、助洁、协助老人体力运动。

6.3 团队优势与不足

团队优势有：创业初期我们创业人员经过3年与社区养老机构的合作，积累了丰富的与老人相处及处理老人和护理人员及家庭之间问题的经验。团队属于大学生创业，拥有独特的校企联合的优势，有着丰富的高校大学生参与社区服务的交流经验。

团队不足之处为：

（1）缺乏一定的社会经验，有待提高社会阅历。

（2）社会学、心理学专业成员缺乏，有待于引进。

7 融资说明

7.1 资金来源

本项目前期由创业团队自筹100万，根据政府相关政策能获得50万左右开办补贴，同时主要自然人、私募、风险投资者进行融资50万元。项目企业的注册资金为200万元，按照出资比例确定股份。运营过程中资金问题主要向银行申请免息或低息贷款，也会向慈善基金等请求帮助。

7.2 基本的财务假定

入股比例符合常规的20%界限，符合国家政策，具有可操作性。基本的财务假定：

（1）无形资产采用直线法计提折旧，在20年内摊销，期末无残值。

（2）正常营运下，第一年不分红。

（3）会计制度：公司执行2009年由中华人民共和国财政部颁发的《企业会计制度》。

（4）会计年度：每年公历1月1日~12月31日为一个会计年度。

（5）假设公司销售时没有销货退回、销货折扣及折让。

（6）考虑到目前通货膨胀的经济形势，公司的存货控制采用先进先出的方法。

（7）公司每个季度都要确认、计量、报告企业的财务状况、经营成果和现金流量。

（8）公司的年度财务报表，除公司高级管理层和有关政府部门外，不得借与其他个人和企业使用。

（9）公司要合理纳税，既不偷税漏税，也不多缴纳税款。

7.3　初期投资主要用途

松鹤轩综合疗养集团将按照 100 张床位左右的规模来进行测算，单床使用面积设定为 27.5m^2（根据养老设施建筑设计规范内规定），总面积大约为 2750m^2。初期资金用于营业前半年准备期。具体将用于场地租金、场地装修费、家具电器采购费、前期人员费用、医疗设备采购费、康复设备采购费、休闲娱乐设备采购费、户外设施采购费、车辆采购费、办公用品采购费、初期营运流动资金等。医养结合模式下松鹤轩综合疗养集团计划初始投入资金为 150 万元，根据沈阳市《沈阳市人民政府关于推进本市“十二五”期间养老机构建设的若干意见》及相关文件，能获得市区两级政府开办补贴 50 万左右，实际资金需求为 150 万。本项目初始投入资金见表 3。

表 3　项目初始投入资金

项　目	金额/元
场地租金	58000
人员工资	64000
餐饮采购费	20000
水电煤等	12000
耗材采购费	5000
办公费	1000
设备维修费	2000
推广费	1000
合计	163000

8　财务分析

8.1　收入预测

松鹤轩综合疗养集团收入来源主要分为两部分：（1）日常经营所得，包括床位费、护理费、伙食费及其他服务项目费用等；（2）政府补贴。

（1）日常经营所得按照松鹤轩综合疗养集团的床位与分类的情况，根据现行社会养老院收费标准简单测算收费，除上述收入外，松鹤轩综合疗养集团计划还有部分押金利息收入、每年未分配利润利息收入和短期试入住收入。其中，押金设定在 10000 元/人，购买理财产品的利率为 3%～4%（每/年）。每年的利润也会产生部分利息收入。松鹤轩综合疗养集团将安排空余房间用于接待短期试入住，费用设定在 650 元/周。

（2）政府补贴收入。政府补贴收入包含房租补贴、运营费补贴、专业岗位补贴、护理岗位技术津贴等。其中租房补贴约每平方米每天 0. 30 元；运营费补贴约每月每床 200 元；专业岗位补贴、护理岗位技术津贴每年约 100000 元。如按照住满 300 人的情况进行计算收入：床位等收入约为 194000 元/年；押金利息收入为 10000 元/年；短期试入住收入为 25000 元/年；租房补贴收入为 9000 元/年；运营费补贴为 720000 元/年；专业岗位补贴等为 100000 元/年，合计为 214700 元/年。根据未来中国及上海市社会长期发展趋势和机构养老市场需求，以及问卷调查结果预估，松鹤轩综合疗养集团项目 2018 年到 2022 年入住率预计为 60%，70%，80%，90%，95%。财务报表预测将按照此来进行测算。2018～2022 年度销售净利润率及净利预测见图 15。利润表预测见表 4，资产负债表预测见表 5。

表 4　利润表预测　　（元）

项目（亏损以"-"号填列）	2018 年度	2019 年度	2020 年度	2021 年度	2022 年度
一、主营业务收入	118924	138328	157732	177136	195613
减：主营业务成本	111576	125628	134200	143732	149523
二、主营业务利润	3164	12700	23532	33404	46090
加：其他业务利润	113765	139812	149229	202023	245663
减：销售费用	9600	9700	9800	9900	11000
管理费用	78529	113400	158800	188800	189520
财务费用					
三、营业利润	36148	42112	4161	36727	91233
加：投资收益	6000	7000	6000	6520	6525
补贴收入	14713	14562	13512	14652	14562
营业外收入					
减：营业外支出					
四、利润总额	56861	63674	23673	57899	112320

续表 4

项目（亏损以“-”号填列）	2018 年度	2019 年度	2020 年度	2021 年度	2022 年度
减：所得税	4552	9230	3250	4651	10235
五、净利润	52309	54444	20423	53248	102085

注：1. 养老机构免征增值税等费用；
2. 所得税率按 25% 计；
3. 固定资产折旧按 8 年计算，残值为 30000 元。

表 5　资产负债表预测　（元）

项　目	2018 年度	2019 年度	2020 年度	2021 年度
现金及等价物	173100	374400	395100	424900
预付租赁款项	300	300	300	300
应收款项	13700	9600	11900	14200
交易性金融资产	500	500	500	500
其他流动资产	700	600	400	500
流动资产	188300	385400	408200	440400
固定资产	48500	66300	7500	86200
无形资产	1500	1700	1700	1900
投资物业	1600	1700	1800	1900
金融资产	3500	1400	1500	1600
其他非流动资产	1200	1100	1200	1300
非流动资产	56300	72200	81200	92900
资产总计	244500	457600	489400	533300
应付款项	22800	17200	20000	2300
递延收入	2500	3400	2200	3400
短期银行贷款	18400	18300	20100	22100
其他流动负债	7700	10200	8500	9900
流动负债	51300	41900	50800	58400
衍生工具负债	510	0	0	0
其他长期负债	600	400	70	1000
非流动负债	51600	400	700	1000
负债合计	102900	49900	52200	60400

续表 5

项　目	2018 年度	2019 年度	2020 年度	2021 年度
股本	3800	3800	3800	3800
股份溢价储备	135600	404300	434200	470200
少数股东权益	2200	0	0	0
股东权益合计	141600	408000	437900	473900
负债及权益合计	244500	457600	488100	559300

注：1. 货币资金，即为现金流量表中的期末现金及现金等价物余额；
2. 固定资产折旧按 8 年计算；
3. 实收资本为投资初期的 170 万人民币。

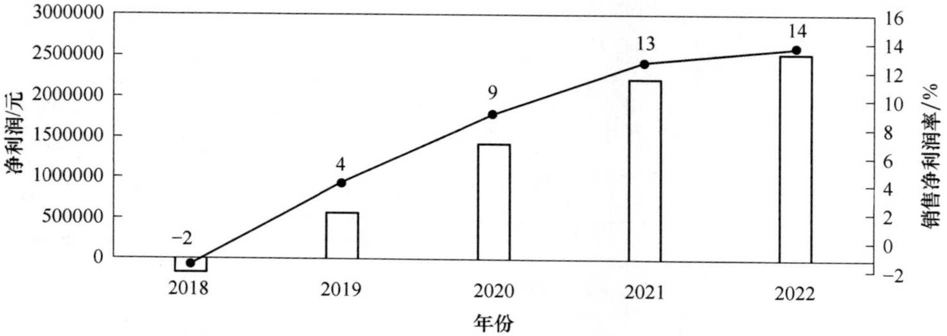

图 15　2018~2022 年度销售净利润率及净利润预测

8.2　投资收益预测

现值分析法就是把将来不同时期的现金流量换算成为现值，据此进行方案的评价和比较。现值分析法的基本原理是将不同时期内发生的收益或追加投资和经营费用都折算为投资起点的现值，然后与期初的投资比较，净现值大于零的方案为可行方案。根据机构养老行业属于微利且政府扶持项目的特点，设 NPV 计算公式中折现率 K 为 6.5%，时间 t 为 8 年（Ri 为第 i 期的收益），则根据公式可得：

$$NPV = \frac{Ri}{(1+K)^n}$$

$$= 707775/(1+6.5\%) + 1484531/(1+6.5\%)^2 + 2326405/(1+6.5\%)^3 + 3142873/(1+6.5\%)^4 + 3447916/(1+6.5\%)^5 + 3447916/(1+6.5\%)^6 + 3447916/(1+6.5\%)^7 + 3447916/(1+6.5\%)^8 - 12000000$$

$$= 3524004 > 0$$

从净现值角度看，此项目具有良好可行性。

8.3　社会效益

种种迹象表明，国家对养老问题的重视程度越来越高，相关政策导向明显。松鹤轩综合疗养集团项目响应国家倡导社会资本进入养老服务行业的号召，践行国家推出的“医养结合”概念，为老年人提供优质的起居照料服务和丰富多彩的老年生活活动，并特别注重每个老人的健康管理服务，帮助入住老人以健康科学的方式生活，变被动的疾病治疗为主动的健康管理，将疾病防治重心前移。维护健康和促进健康，提高生活质量并节约医疗费用。同时解决常见老年病的治疗、院前急救和后期简单的康复、保健、护理等服务。在同一个地点，同时满足老年人日益增长的医疗和养老两大老年需求，加强老年人在机构养老时的生活体验和生存质量，提高安全系数，减少后顾之忧。解决养老问题具有非常大的社会效益，同时也促进了家庭幸福美满，让家庭内部不会因老人健康因素而出现问题和不和谐，可以将精力用于建设祖国，间接促进社会发展。可以看出“松鹤轩综合疗养集团项目”具有非常大的社会效益。松鹤轩综合疗养集团将探索出一条“医养结合”概念下合适的机构养老发展道路和模式，为中国养老事业做出自己的贡献。

8.4　风险控制

8.4.1　政策风险与对策

虽然国家对养老产业越来越重视，各方面政策的扶持力度越来越大，但是很多出台的政策没有细则，仅仅只是一些规划而已，可操作性不强。有的政策出台后落实力度也不强，甚至有地方政府制造障碍，克扣优惠政策或不予执行。另外，政出多门、手续烦琐对机构养老的发展也制约较大。对策：（1）尽可能吃透各种政策的精髓，与地方政府积极沟通，争取各种补贴、税收优惠、资金投入等方面的支持；（2）项目不要完全依赖政策，要发展自身的核心竞争力，在市场竞争中占有一席之地。

8.4.2　市场风险与对策

由于养老行业受到越来越多的重视，各类资金都准备进入这个行业。一些行业巨头开始出现，开出多家连锁店。而机构养老行业服务内容较雷同，容易被模仿，会趋于同质化竞争。另外，社区养老目前的发展也越来越得到重视，社区养老在有些方面具有机构养老不具备的优势。对策：（1）发展自身核心竞争力，并运用有效的营销方式迅速占领市场，壮大自己，在行业内做出一个标杆；（2）发展自己稳定的客户资源和群体。

8.4.3 财务风险与对策

机构养老行业资金前期投入较大，资金回笼速度较慢，利润率相对较低都是必须面对的问题。对策：（1）筹资时多准备些启动资金，保证前期能有宽松的现金流应对问题；（2）筹资时可以考虑向各类社会福利性质的基金会发出邀请，并争取长期投资，筹资时尽可能压低利率；（3）合理的开源节流，但不能以牺牲服务质量为前提。

8.4.4 运行与技术风险与对策

老年人身体机能和思维能力退化，养老院需要保证老人养老过程中的绝对安全。对策：（1）在项目装修设计时进行安全合理规划，注重细节管理，做好技术防范措施，符合老年人生活习惯；（2）建立健全安全预案，加强员工培训，提高员工服务水平、安全意识和紧急事件处理能力；（3）运行过程中对入住老年人进行安全宣教工作，并签订相关服务安全协议；（4）做好机房设施建设，特别是重点地区的监控覆盖；（5）条件允许的情况下，购买相关保险产品。

8.4.5 人才流失风险与对策

养老院工作较辛苦，且收入一般，优秀人才不肯加入。对策：（1）提高员工工资，在员工福利上下文章；（2）增加激励措施，多劳多得；（3）对核心员工进行股权激励，留住核心人才和竞争力。

9 退出方式

在投资者进入 5 年内，投资者不能退出资金。5 年期限内投资者如需转让股权，需要同创业团队协商，5 年期后本项目可供投资者退出投资的方式有：

（1）公开上市：通过公开募集资金上市的方法，将原有的风险企业改组为上市公司，使得风险资本退出。采用公开上市的退出方式，不仅使得风险企业保持了原有的企业独立性，还让企业获得了在证券市场上公开、持续融资的渠道。

（2）股份回购：企业在度过了最初的资金和技术瓶颈后，并且已经进入了一个良性的发展道路逐步发展为一个中等企业时，但仍然达不到公开上市的条件时，一般会通过股份回购的方式实现退出。

（3）协议价格转让：企业所有者无力或无法实现维持企业的日常经营，会考虑通过一定的公开、合理的方式，实现企业所有权的转移。为企业选择有能力、有实力的所有经营者，以此实现企业的退出。

（4）管理层回购退出：企业管理层通过购回风险资本家手中的股份，使得风险资本退出。管理层通过自己回购企业股份，使得风险企业被完整地保存了下来。通过管理层回购，风险企业家可以掌握更多的企业所有权与决策权，更好地实现企业的自主化。

（5）兼并收购：通过收购其他同类型或规模的企业，扩大自己的生产经营规模，加快加速货币周转速度，稀释风险资本在总资本中的比例，以达到退出的目的。

附录　调查问卷

调查目的：了解现阶段居民养老观念变化和机构养老服务需求情况。调查内容：消费者构成、消费者购买习惯、价格、渠道、市场需求等。

调查地点：上海市宝山区。

调查渠道：通过问卷网在线发布、小区街头随机访问。

调查对象：主要为 40 岁以上人员。

调查时间：2016 年 6 月 13 日至 2016 年 7 月 22 日。

调查方法：（1）小区街头随机访问，被调查者匿名填写并随即收回问卷；

（2）网络发放问卷邀请消费者在线填写。

尊敬的女士/先生：您好！为了解现阶段居民养老观念变化和机构养老服务的需求情况，特开展此次抽样调查。非常感谢能得到您的大力支持与配合。本调查不记名，数据由后台统一处理。能得到您的意见，我们感到十分荣幸。谢谢！

1、您觉得现在自己健康状况如何？（单选）（单选题 * 必答）

○很好

○较好

○一般

○较差

○很差

2、您现在的日常起居生活主要由谁来照顾？（单选）（单选题 * 必答）

○自己和伴侣

○儿女或其他亲属

○保姆/钟点工

○邻里

○其他

3、您对于老年生活方式的规划是？（单选）（单选题 * 必答）

○自己或夫妻俩一起住，安享晚年

○与子女同住，互相照应

○养老机构，不拖累家人，还有专人服务

○其他

4、在选择养老方式上谁的意见对您影响最大？（选 3 项）（多选题 * 必答）

☐自己

☐邻里

☐伴侣

☐政府

☐朋友

☐子女

☐其他亲属

☐专家

5、假设有一天你选择入住养老院，会是出于什么原因？（排序）（排序题请填 1~6 数字排序 * 必答）

——日常生活无法自理

——子女无暇照顾，减轻家庭负担

——生活单调无聊

——养老机构服务能够保障老年生活

——个人感到孤独寂寞

——跟风身边的亲戚、朋友和邻里

6、您一般通过什么途径来了解养老院？（选 3 项）（多选题 * 必答）

☐电视广播

☐网络媒体

☐报纸杂志

☐社区宣讲

☐他人介绍

☐实地参观

☐其他

7、随着第一代独生子女的父母开始步入老龄，你认为未来的养老趋势是哪种？（单选）（单选题 * 必答）

○家庭养老（主要由家庭成员提供日常照料）

○机构养老（老年公寓、敬老院等）

○社区养老（居住在家里，社区可以提供生活照料、家政服务、医疗保健等服务）

○其他

8、您是否赞成“以房养老”（将房屋出租、出售或抵押等获得的资金用于入住养老院、老年公寓等进行养老）的观念？（单选）（单选题 * 必答）

○赞成

○不赞成

9、您认为在老年人最需要的服务项目主要有哪些？（选 4 项）（多选题 * 必答）

□生活照料

□社交活动

□紧急救助

□兴趣学习班

□医疗保健

□休闲娱乐

□健身

10、您选择养老院最关心哪些因素？（选 5 项）（多选题 * 必答）

□提供服务是否周到人性

□生活环境是否优美舒适

□收费价格是否合理适中

□周边配套是否完善便利

□往来交通是否方便快捷

□各类活动是否丰富多彩

□机构口碑是否信誉良好

□其他

11、如果您选择入住养老院，您倾向于住？（单选）（单选题 * 必答）

○1 人/间

○2~3 人/间

○4~8 人/间

○大房间

12、您认为自己能承受的养老院的价格是多少？（单选）（单选题 * 必答）

○≤2000 元/月

○2001~3250 元/月

○3251~4500 元/月

○4501~5750 元/月

○≥5751 元/月

13、养老院是否公立对您的选择有影响吗？（单选）（单选题 * 必答）

○我倾向选择公立养老院

○我倾向选择民营养老院

○没有倾向性，看养老院实际能力

14、您有听说过“医养结合”概念的养老模式吗？（单选）（单选题 * 必答）

○有

○没有

15、假设某践行“医养结合”的养老院致力于打通医院医疗资源和机构养老资源，集医疗、康复、护理、养生、养老等为一体，着重保障老年人身心健康和日常生活两大问题，您认为这想法好吗？（单选）（单选题＊必答）

○很好

○较好

○一般

○无所谓

○没用

16、您认为机构养老中“医养结合”概念的“医”最应该包含哪些内容？（选5项）（多选题＊必答）

□定期体检，建立健康档案

□制定个人健康管理计划

□请医院定期上门开展坐诊、咨询、健康讲座等活动

□常见疾病的治疗和护理

□与医院接轨，帮助预约挂号与检查、配药、转院等工作

□医院出院后，继续辅助康复治疗、功能锻炼恢复

□院前急救等应急措施

□其他

17、如果有一家普通养老院（收费相对较低）和一家“医养结合”养老院（收费相对较高），你会选择哪家？（单选）（单选题＊必答）

○普通养老院

○“医养结合”养老院

18、您觉得“医养结合”的养老院在收费价格上和同级别普通养老院比，大概会有多大差别？（单选）（单选题＊必答）

○和普通比差别不大

○和普通比贵5%～15%

○和普通比贵15%～25%

○和普通比贵25%～35%

○和普通比贵35%以上

○其他

19、您觉得“医养结合”的养老院在“医”的方面收费形式上应该是怎样的？（单选）（单选题＊必答）

○根据内容确定套餐价格，包月/年收费

○确定内容单价，按次收费

○其他

20、您的性别：(单选题 * 必答)

○男

○女

21、您现在的年龄：(单选题 * 必答)

○≤40 岁

○41 岁 ~ 50 岁

○51 ~ 60 岁

○61 ~ 70 岁

○≥71 岁

22、您的文化程度：(单选题 * 必答)

○小学及以下

○初中

○高中

○大学

○研究生及以上

23、您现在（以前）的职业：(单选题 * 必答)

○机关、事业单位职工

○企业职工

○自由职业

○其他

24、您现在的月收入情况：(单选题 * 必答)

○≤2500 元

○2501 ~ 4000 元

○4001 ~ 6000 元

○6001 ~ 10000 元

○≥10001 元

25、您现有直系亲属数量：(单选题 * 必答)

○0

○1

○2

○3

○4 及以上

“韵”文化创意产品融资计划书

秦瑞阳

1 公司介绍

1.1 公司经营宗旨及目标

1.1.1 经营宗旨

本公司坚持诚信为本，顾客利益之上，创意至上的经营宗旨。我们会时刻关注顾客需求，以网络店铺为平台，留意客户反馈的信息，为顾客提供各种定制、咨询服务。并以市场为导向，加快产品的更新速度，保证本店铺产品的优质与新意，满足客户对文化衍生产品的热爱。

1.1.2 目标

本公司作为文化衍生创意产品公司，目标是满足顾客的需要，满足顾客对古代文化的热爱。为顾客带来更多的文化衍生创意产品。

1.2 公司简介

（1）公司名称：“韵”文化创意。

（2）业务范围：文化衍生创意产品。以古代文字书画丝织品等文物的图样为模板衍生出的产品。如有朱克柔山茶蛱蝶图的抱枕，有仕女簪花图样式的帆布背包，有祥云飞鹤的胶带等文化衍生创意产品。

1.3 公司管理

（1）管理思想：以质量管理理论为指导，要求人员和产品必须不断完善、学习、成长，同时对经营过程彻底进行再思考和再设计，以便在业绩衡量标准（如成本、质量、服务和速度等）上取得重大突破，完成企业再造。公司采取网络化层级管理体制，实现集权和分权统一，稳定和变化统一，一元化和多元化统一。

（2）管理队伍：以店铺经营者为中枢，下设销售主管、市场营销主管、店铺美工设计主管、财务主管、客服服务主管、产品设计主管。

（3）管理决策：以店铺经营者为核心召开公司会议，各部门主管参加，共同讨论公司相关事务。涉及公司战略方向选择以及不同工作单元自主性劳动的范围与边界确定等问题，店铺经营者拥有最高决策权。公司管理在强调统一指挥和一定程度集权的同时，也注重分权。工作单元内的一线人员，也就是各部门主管，有权在公司战略参数的范围内自主地处理可能出现的紧急情况。

1.4　团队概述

我们公司的四位创建者都是在校的女大学生，目前均就读于文法学院汉语言文学专业。对古代文化的热爱和深厚的友谊使我们共同碰撞出了文化衍生创意产品的想法，希望能通过这种形式让更多的人了解古代文化的魅力与内涵。同时也设计出了一套严密且分工明确的管理体系，让大家能够各司其职，各尽其责。

2　公司产品及市场分析

2.1　公司产品、特点及优势

本公司以售卖文化衍生创意产品为主。以古代文字、书画、丝织品等文物的图样为模板衍生出的产品。如有朱克柔山茶蛱蝶图的抱枕，有仕女簪花图样式的帆布背包（见图1），有祥云飞鹤样式的胶带（见图2）等文化衍生创意产品。本公司的特点是根据古代字画丝质品上的图案为起点，将这些图案运用于日常生活用品中，或者根据这些图案进行文化创意，设计一些具有新意的物品。如飞鹤型耳饰、祥云型耳饰、书签等与生活有关的物品。同时我们还提供定制服务，可以根据买家的要求进行设计，创作出让买家喜爱满意的产品。我们的优势是更理解古代字画背后的意义。可以根据某句诗词所具有的内涵来进行设计创造，创造出一些与众不同但又有生命意蕴的物品。

2.2　行业和市场

2.2.1　市场需求

本公司的市场是属于文化创意产业。现今文化创意产业发展迅猛。（1）文化创意产业快速增长，在经济结构中地位显著提高。党的十六大以来，随着文化体制改革的深入推进，合格文化市场主体数量不断增多，社会各方面投入文化产业的热情高涨，各项扶持政策不断出台，我国文化产业正进入发展的黄金期，文化产业增加值逐年提升。（2）全国各地重视文化创意产业，区域布局完成。目前，全国多地省市都充分认识到文化创意产业不仅是经济社会发展的重要支撑，而且是吸纳就业、保障民生的重要途径。多地省市把文化创意产业列为当地“十二五”规划的重点领域，作为推动产业结构升级转型，推动自主创新的重要抓手，我国有22个省、市、自治区制定了文化产业发展规划纲要，23个省、市、自

图 1　仕女簪花图样式帆布背包

图 2　祥云飞鹤样式胶带

治区设立了文化产业发展专项资金，14 个省、市、自治区成立了文化产业协会或促进会。（3）战略地位日益突出，产业政策日益完善。近年来，加快文化创意产业发展已经成为重要的国家战略。2003 年后国务院和有关部委相继出台了有关产业支持政策和指导意见。“十一五”时期我国提出建设“创新型国家”的目标，其中的建设重点就是要把增强自主创新能力作为发展经济的重要战略基点，而其中的文化创意产业则以其鲜明的产业特征受到我国各地政府的重视。图 3为 2006~2014 年我国文化及相关产业增加值的增长情况。由此图可以看出我国的文化产业发展前景是十分美好的。

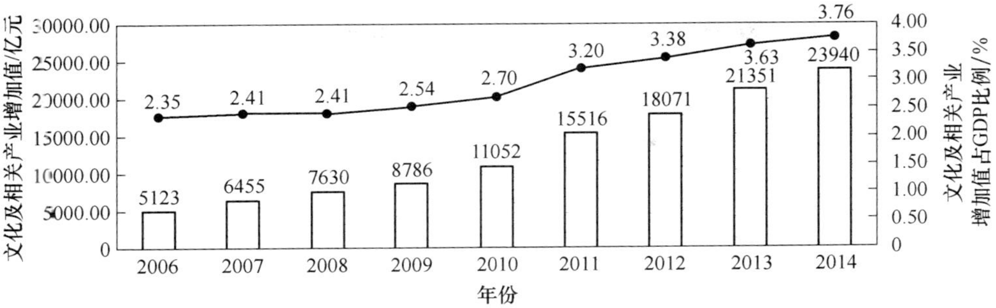

图 3　2006~2014 年我国文化及相关产业增加值的增长情况

（数据来源：国家统计局）

2.2.2　产品市场分析

2.2.2.1　目标市场定位

我们的目标市场定位于古代字画文化衍生产品爱好者和年轻人。对于爱好者来说，一份精美的衍生产品包含了文化意蕴。对于年轻人来说，他们具有极强的接受能力，对新生事物充满了好奇，善于去挑战新事物，所以对于这种文化创意产品他们必然会因兴趣而进行购买。

2.2.2.2　市场容量分析

文化产业近年来才受到大家的关注。从国际经验看，人均 GDP 超过 3000 美元，将进入休闲娱乐消费时代且呈现快速增长趋势；当人均 GDP 临近或超过 5000 美元时，文化消费则会进入“井喷时代”。2017 年 1 月国家统计局发布数据显示，2016 年中国国内生产总值（GDP）744127 亿元，人均 GDP 为 8866 美元，已超过“井喷时代”临界点。不难看出，满足 13 亿城乡居民的文化消费需求，文化创意产业发展成为我国国民经济的支柱型产业指日可待。

2.2.2.3　市场竞争对手分析

现今，文化产业市场涌现出了众多的公司与团队，彼此之间的竞争也较强烈。实体有博物馆在进行售卖文化衍生产品，网络上也有知名的店铺在进行售卖相关的物品。且种类较多样式也较新颖。竞争对手的优势为他们的企业店铺已经较为成熟，有自己的一套运营方案。同时经过经营他们拥有了一批较为忠实的顾客。但竞争对手也有其劣势。他们容易有思维固定模式，难以跳出已有的安全地，并且文化资源利用率低，传统资源潜力尚待开发。

2.3 公司的独特性和市场竞争力

本公司的独特性是在理解古代字画的意义之后再对其进行创意创作并且提供定制服务。由顾客来图或者顾客提出要求，我们根据顾客的要求来进行适合顾客的独一无二的产品。在市场中，我们不只是单纯进行文化衍生的公司，不是简单地将图案移植到生活用品中，而是在衍生的基础上进行创意。

3 商业模式

3.1 运营模式

本公司网站主要提供网上购物服务，为选择网上购物的顾客提供各类文化衍生商品的选购，与此同时，为商家提供网上店铺的免费发布平台。

基本服务：

（1）初期通过与实体店铺的合作以及公司自身采购适量的热销商品，可以在网上挂出多种多样的商品，方便顾客选购，并且在服务区域内，我们为顾客提供了免费的送货上门服务，实现了方便、快捷、实惠一体化。

（2）给一些文化景点在网上开店的商家提供免费的链接，实行统一发布，为他们的网上店铺宣传，同时也为我们的网站打开流量。

增值服务：

（1）顾客在验收商品以后若发现质量问题可直接提出，我们将在核实以后予以退换。

（2）祝福。

（3）任何实体商店都可免费申请本平台的链接。

我们设计的购物指南主要有两种方式，即网上订购和电话订购。

（1）网上订购。购物流程如图4所示：

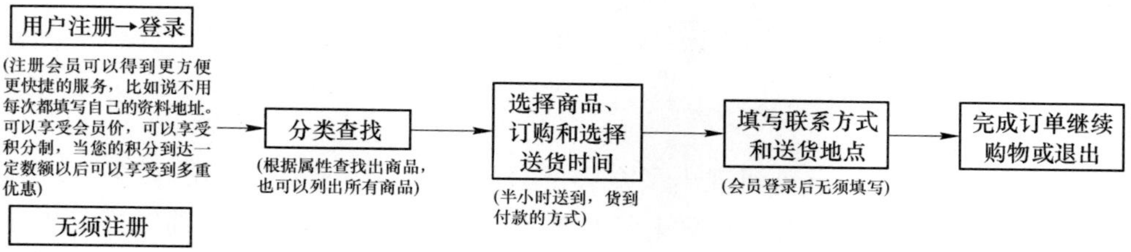

图4 网上购物流程

（2）电话订购。淘宝网上购物专门设立了电话订购服务方式，方便一部分不能上网的顾客也能享受到同样快捷、方便的送货上门服务。

3.2　盈利模式

本公司盈利模式为：

（1）主要商品（主要是大家日常经常购买的商品，如抱枕、笔记本、胶带……）直接从供应商处批发进货，自行销售，增加利润。

（2）部分商品通过和实体店合作，部分销售他们的商品，实行利润分配制度，降低成本和风险。

（3）后期网站的客户群体基本稳定之后，逐步取消与实体店的合作，改为完全自己进货，以实现更高的盈利。

（4）通过网络营销等手段打开网站的客流量以后，吸引商家对本网站进行广告投资，实现虚拟资产的盈利。

4　营销策略

4.1　竞争策略分析

4.1.1　SWOT 分析

4.1.1.1　优势

随着经济的发展，人们的需求逐渐从物质需求转为文化需求。本公司更有着其他文化产品公司所没有的运营模式。

（1）创意优势：本公司参与到设计的员工主要是汉语言文学专业和设计专业的学生，能够更准确地了解到古代文化的内涵，萌发更好的设计创意。

（2）政策优势：国家“十二五”规划提出，要将文化产业发展成为国民经济支柱产业，强调“加快发展文化产业、推动文化产业成为国民经济支柱性产业”。

4.1.1.2　劣势

（1）产品劣势：创意不足，制约了文化创意产品市场的扩大。创意不足，从而导致产品劣势，制约了文化创意产品市场的扩大，这是北京文化创意产业面临的十分棘手的问题，也是一个显著劣势。

（2）文化体制劣势：改革不到位，遏制了文化创意产业的进一步发展。

4.1.2　具体竞争策略分析

本公司的竞争优势主要是有汉语言文学的学生，相对于其他公司，我们更加了解中国古代文学所蕴含的真正内涵，可以从新的角度进行设计。公司不参与生产环节，能够加大对创新设计的投入。本公司开辟了新的设计模式，即消费者参与到设计的过程以及增加了私人订制的功能。

4.2 战略目标

战略目标关系到一个企业的发展好坏，所起应该慎之又慎，不能随便作出。在制定的时候可以请一些专家和有丰富经验的实干家来企业调查，根据企业的具体情况有针对性地量身定做本企业的发展战略。为了迅速把产品推广全国，在同行业中为自己产品确定明确的市场定位，同时加大加快公司品牌形象的推广和传播力度，产品营销和公司整体形象合力，增强社会对公司产品的信心，打造国内数一数二的文化衍生创意产品。

4.3 战略规划

4.3.1 坚持“以人为本”理念

我们必须牢固树立“以人为本”的理念：对外以客户为本，使我们的服务更贴近客户、更人性化，使我们全部的工作始于客户需求、止于客户满意；对内以员工为本，建立“以人为本”的企业管理方式和方法，关爱员工，从而形成企业员工“心齐、气顺、劲足”的良好氛围。在经济全球化和信息技术一日千里的时代背景下，以“对内讲求团队合作与员工共创、对外缔结共赢产业链与合作伙伴共创”为主要内容的共创价值是我们的必然选择和必由之路。全心全意依靠员工并以团队合作的方式追求整体最优，专注自身核心能力并广泛地与合作伙伴包括竞争对手等合作，是市场竞争的要求也是时代精神要求。

4.3.2 品牌形象的构建

品牌形象是企业竞争的有效利器。公司品牌的定位是理念定位，用经营理念、精神、宗旨体现公司的内在本质。

公司要以内在本质为基础定位，确定统一、专用、指定的印刷字体，统一的媒体标志。只有目标市场和公司定位结合起来，品牌建设才有价值，并通过公司的执行能力表现出来。

5 财务计划

本公司财务计划主要有成本预测、收入预测、损益情况、投资者收益，其中成本费用预测表见表1，预计收入报表见表2，利润预测表见表3，投资者收益见表4。

表 1　成本费用预测表　（万元）

项　目	第一年	第二年	第三年
设备构建	4.0	5.0	4.0
员工工资及福利	23.1	45.7	47.6
管理费用及其他	2.0	3.0	3.0
广告费用	2.0	2.0	2.0
房屋租赁	3.0	3.0	3.0
保险费用	0.2	0.3	0.3
总　计	34.3	59.0	59.9

表 2　预计收入报表　（万元）

项　目	第一年	第二年	第三年
商品销售收入	32.9	98.7	105.3
广告收入	6.24	27.0	34.24
总　计	39.14	125.7	139.54

注：固定资产（包括电脑、服务器、电动车、办公设备等）成本在前三年平摊。

商品销售收入=年销售额×产品利润。例：第一年商品销售收入为（38.61+175.5）×15%=32.12万元。

表 3　利润预测表　（万元）

项目	第一年	第二年	第三年
一、主营业务收入	32.9	98.7	105.3
减：折扣与折让	0	0	0
主营业务收入净额	32.9	98.7	105.3
减：主营业务成本	29.1	52.7	53.6
二、主营业务利润	3.8	46.0	51.7
加：广告业务利润	6.24	27.0	34.24
减：营业费用	3.0	3.0	3.0
管理费用	2.0	2.0	2.0
财务费用	0.2	0.3	0.3
三、营业利润	4.84	67.7	80.64
加：投资收益	0	0	0
补贴收入	0	0	0
营业外收入	0	0	0
减：营业外支出	0	0	0

续表 3

项目	第一年	第二年	第三年
四、利润总额	4.84	67.7	80.64
减：所得税	1.61	22.5	26.88
五、净利润	3.23	45.2	53.76

表 4　投资者收益　　（万元）

项　目	第一年	第二年	第三年
净利润	3.23	45.20	53.76
提取盈余法定公积金	0.32	4.52	5.37
提取法定公益金	0.16	2.26	2.69
可分配利润	2.75	38.42	45.70

6　投资方的介入和退出

6.1　投资建议

要以严格的项目选择、评审和参与对该项目的管理来尽可能地减少风险性，并以投资组合的经济效益来保证资金。

6.2　投资方在公司经营管理中的地位和作用

（1）制定发展战略：市场定位。

（2）建立有活力的董事会。

（3）聘请外部专家。更多的外部专家，如律师、会计师、管理咨询人员。专家的意见很重要，但要注意一点，外部专家的意见不应代替自己的判断。

（4）吸收其他的合作者。其他合作者的加入，不仅带来资金，而且可能带来新的管理思路，新的关系网络，可提高企业的管理资质和盈利前景。但同时，新的投资者的加入可能会冲击原有的利益格局。

（5）监督和控制。公司要考察投资效果和项目开发前景，如果认为发展趋势不好，而且找不到适当的补救措施，就应当机立断决定放弃，赶紧处理已有资产和成果，尽可能减少损失。

6.3　资本退出

如果说投资是为了取得收益，那么退出则是为了实现收益。只有退出才能将资金投向下一个项目赚取更多利润。策划退出是投资家从开始寻找项目就应着手考虑的问题，以后每个阶段投资家都在考虑退出问题。

7　风险分析及对策

7.1　风险

风险主要包括技术风险、市场风险、管理风险、财务风险、政策风险和自然风险。

(1) 技术风险：即技术开发方面的各种不确定因素，如技术难度、成果成熟度、与商品化的差距、开发周期与技术寿命期。

(2) 市场风险：难以确定的市场需求，上市时机，市场扩展速度，竞争能力，产品替代性。

(3) 管理风险：人员素质欠缺，领导判断与决策失误。

(4) 财务风险：资金不足，难以周转，不能支付。

(5) 政策风险：社会、经济、政治、法律政策的变化。

(6) 自然风险：地震、火灾等灾害。

7.2　对策

为降低风险通常采取的风险管理原则有：

(1) 分散风险的原则。即将资金同时投向不同商品、不同发展阶段或几个公司联合起来向一类产品投资。这不仅可借其他公司的经验和资金降低风险，还能以较小的投资使企业获得足够资金，尽早受益。

(2) 分类管理，区别对待原则。企业可大致分为三种：成功企业、中等企业、失败企业。对于成功企业，管理者应强化经营管理，促使它尽快成熟，尽早在股票市场上公开上市，以获得最大利润。对一般企业应保持其稳定发展，鼓励与其他企业合并或协助其从银行或其他渠道筹集资金。对于失败企业则应及早提出警告，协助其转移、改变经营方向或干脆清算破产，以便把损失降低到最小限度。

(3) 建立制约机制和激励机制。既要制约防止盲目立项，又要通过提成等方式激励管理者努力工作。